Documento de Trabajo
Serie Política de la Competencia y Regulación
Número 69/2025

Políticas fiscales, instrumentos económicos y reguladores en la gobernanza climática: la tarificación del carbono en la Unión Europea

Álvaro Antón Antón

"Este trabajo es parte del Proyecto "La determinación de Precios del Carbono en Sectores Estratégicos de la UE: Utilización conjunta de Instrumentos Regulatorios y Fiscales en la Lucha contra el Cambio Climático (PCSEUE)" **(PID2023-150137OB-I00 financiado por MCIU/AIE/10.13039/501100011033 y por FSE+ cuyos IP's son: Dra. Marta Villar Ezcurra y el Dr. Álvaro Antón Antón)**. Una versión final de este trabajo revisada y ampliada será publicada en la obra colectiva.

El Real Instituto Universitario de Estudios Europeos de la Universidad CEU San Pablo, Centro Europeo de Excelencia Jean Monnet, es un centro de investigación especializado en la integración europea y otros aspectos de las relaciones internacionales.

Los documentos de trabajo dan a conocer los proyectos de investigación originales realizados por los investigadores asociados del Instituto Universitario en los ámbitos histórico-cultural, jurídico-político y socioeconómico de la Unión Europea.

Las opiniones y juicios de los autores no son necesariamente compartidos por el Real Instituto Universitario de Estudios Europeos.

Los documentos de trabajo están también disponibles en: www.idee.ceu.es

PID2023-150137OB-I00 financiado por MCIU/AEI/10.13039/501100011033 y por FSE+

Serie *Política de la Competencia y Regulación* de documentos de trabajo del Real Instituto Universitario

Políticas fiscales, instrumentos económicos y reguladores en la gobernanza climática: la tarificación del carbono en la Unión Europea

The European Commission's support for the production of this publication does not constitute an endorsement of the contents, which reflect the views only of the authors, and the Commission cannot be held responsible for any use which may be made of the information contained therein.

CEU *Ediciones*
Julián Romea 18, 28003 Madrid
Teléfono: 91 514 05 73
Correo electrónico: ceuediciones@ceu.es
www.ceuediciones.es

Real Instituto Universitario de Estudios Europeos
Avda. del Valle 21, 28003 Madrid
www.idee.ceu.cs

ISBN: 978-84-19976-93-2
Depósito legal: M-12758-2025

Maquetación: CEU *Ediciones*

Índice

1. Introducción

El cambio climático constituye uno de los mayores desafíos del siglo XXI, y la Unión Europea (UE), consciente de su papel preponderante en la acción climática global, ha adoptado un papel de liderazgo global en la transición hacia una economía baja en carbono. Esta transición es fundamental para alcanzar la neutralidad climática en 2050, un objetivo establecido por la *Ley del Clima europea*[1], acompañada de metas intermedias como la reducción del 55 % de las emisiones netas de gases de efecto invernadero (GEI) para 2030 respecto a los niveles de 1990.

Para materializar estos objetivos, la UE ha adoptado un enfoque integral que combina políticas fiscales, instrumentos económicos y regulatorios con el fin de abordar el objetivo de reducir las emisiones de GEI. Este marco normativo europeo se ha reforzado con la introducción del paquete legislativo *Objetivo 55* en 2021, que busca alinear las políticas energéticas y fiscales con los compromisos climáticos.

En este contexto, la tarificación del carbono ha emergido como un pilar fundamental de la gobernanza climática de la UE, concebida no solo para reducir emisiones contaminantes, sino también para promover la sostenibilidad económica y social. Esta estrategia se basa en la internalización de los costes ambientales, reflejando el principio de "quien contamina, paga" y asignando un precio al carbono emitido. Entre sus instrumentos clave destacan el Régimen de Comercio de Derechos de Emisión (RCDE UE), el Mecanismo de Ajuste en Frontera por Carbono (MAFC) y las reformas a la Directiva sobre Imposición Energética (DIE). Estos sistemas no solo pretenden reflejar la aplicación efectiva del principio de "quien contamina, paga", sino también internalizar los costes ambientales de las actividades económicas y proporcionar una señal de precio al carbono, incentivando la adopción de tecnologías limpias y la innovación tecnológica en todos los sectores económicos, al tiempo que buscan minimizar los riesgos de fuga de carbono y las distorsiones en el mercado interior. Sin embargo, el diseño y aplicación de estos instrumentos enfrentan desafíos significativos relacionados con la equidad distributiva, la competitividad económica y la eficiencia normativa, especialmente en un contexto de integración fiscal y económica.

Partiendo de estas premisas, la UE ha diseñado e implementado instrumentos jurídico-económicos que buscan internalizar los costes ambientales de las actividades económicas y acelerar la transición hacia fuentes de energía sostenibles. Concretamente, se incluyeron, en el paquete legislativo *Objetivo 55,* propuestas para extender el RCDE UE a sectores difusos, como el transporte por carretera y los edificios, para aumentar los objetivos de descarbonización respecto al uso de energías renovables y de medidas de eficiencia energética, y para reformar el marco fiscal con vistas a alinear la fiscalidad de los productos energéticos y la electricidad con las metas climáticas.

Concretamente, en el marco de la gobernanza climática de la UE, los sistemas de comercio de derechos de emisión se han consolidado como el instrumento jurídico y económico central para la reducción de emisiones de GEI. Estos mecanismos, fundamentados en la lógica del *cap and tarde*, establecen un límite máximo de emisiones permitidas y generan un mercado, en el que los derechos de emisión pueden comprarse y venderse, asignando un valor económico explícito al carbono emitido. La premisa es clara: al transformar las emisiones de GEI en un coste financiero directo, se incentiva a las empresas a reducir sus emisiones contaminantes e invertir en tecnologías más limpias, favoreciendo una transición eficiente hacia una economía descarbonizada.

---

[1] Reglamento (UE) 2021/1119 del Parlamento Europeo y del Consejo de 30 de junio de 2021 (por el que se establece el marco para lograr la neutralidad climática y se modifican los Reglamentos (CE) n.º 401/2009 y (UE) 2018/1999 ("Legislación europea sobre el clima") (DO L 243 de 9.7.2021, pp. 1-17).

No obstante, los desafíos climáticos actuales y la necesidad de acelerar la transición ecológica hacia la neutralidad climática han llevado a la UE a reformar este instrumento dentro del paquete *Objetivo 55*. Esta reforma introduce novedades significativas sobre las siguientes bases:

-Ampliación sectorial. Se extiende el RCDE a sectores difusos, como el transporte por carretera y los edificios, históricamente excluidos del mercado de carbono.

-Refuerzo de la señal de precio. Se ponen en marcha mecanismos más estrictos de reducción progresiva de derechos de emisión, con un calendario de reducción más ambicioso.

-Previsibilidad y control. El sistema garantiza una señal de precio más fuerte y estable, lo que facilita la planificación empresarial y la inversión en tecnologías limpias.

El RCDE UE constituye la piedra angular de esta estrategia, aplicando de forma efectiva el principio de "quien contamina, paga" y estableciendo una señal de precio uniforme en toda la Unión. Su diseño busca fomentar la reducción de emisiones de manera progresiva y eficiente, incentivando a las empresas a invertir en tecnologías más limpias y a mejorar sus procesos productivos para adaptarse al mercado bajo en carbono.

No obstante, aunque los sistemas de comercio de derechos de emisión son el eje principal de la tarificación del carbono en la UE, no operan de forma aislada. La UE ha desarrollado un marco normativo integral que combina los mercados de carbono con medidas fiscales y regulatorias.

Así, por ejemplo, el paquete *Objetivo 55* no solo reforma el RCDE, sino que también pretende impulsar la revisión de la DIE, con la intención de armonizar la fiscalidad energética con los objetivos climáticos de la UE. La propuesta actual de reforma de la DIE tiene como objetivo corregir las distorsiones fiscales actuales y eliminar las ventajas históricas de los combustibles fósiles, promoviendo una fiscalidad alineada con los objetivos climáticos. Entre los cambios más relevantes destacan los siguientes:

– Un cambio en la configuración de las bases imponibles de estos impuestos, pasando de un modelo de gravamen basado en el volumen a uno fundamentado en el contenido energético y el impacto ambiental del producto.

– La eliminación de exenciones para ciertos combustibles fósiles.

– Una tarificación diferenciada según el desempeño ambiental de cada fuente energética.

Este rediseño de las medidas armonizadoras de la imposición energética pretende corregir las distorsiones fiscales históricas y alinear los precios de los combustibles con sus impactos ambientales, promoviendo una mayor coherencia entre la fiscalidad energética y climática. Por tanto, la propuesta actual de reforma de la DIE prevé un sistema impositivo basado en el contenido energético y el impacto ambiental de cada fuente de energía, eliminando la ventaja actual de los combustibles fósiles, que tradicionalmente han gozado de menores cargas fiscales en comparación con las alternativas renovables.

No obstante, la coexistencia de diversos instrumentos económicos y fiscales, como el RCDE, la DIE y los impuestos al carbono, plantea retos normativos y socioeconómicos que requieren una cuidadosa gestión, destacando los siguientes:

1. Solapamientos normativos y dobles gravámenes: La aplicación simultánea del RCDE con impuestos nacionales al carbono o impuestos energéticos podría generar situaciones de sobreimposición o doble gravamen, distorsionando los incentivos ambientales.

2. Desigualdades distributivas: La tarificación del carbono puede impactar de manera desproporcionada a los hogares vulnerables, lo que ha llevado a la creación de mecanismos compensatorios, como el Fondo Social para el Clima.

3. Impacto sobre la competitividad: Existe el riesgo de que una tarificación o una fiscalidad climática más estricta, en términos ambientales, afecte la competitividad de las industrias europeas. El Mecanismo de Ajuste en Frontera por Carbono (MAFC) busca corregir este efecto al aplicar un gravamen al carbono importado.

Teniendo en cuenta este contexto, este trabajo pretende sentar las bases para examinar la intersección entre las políticas fiscales y la regulación climática en el marco de la UE, con un énfasis especial en la implementación de instrumentos de tarificación al carbono, como el RCDE, los impuestos energéticos, los impuestos al carbono y el Mecanismo de Ajuste en Frontera por Carbono (MAFC). Concretamente, pretende examinar el papel fundamental de los mercados de carbono en la gobernanza climática de la UE, destacando sus interacciones con otros instrumentos fiscales y regulatorios. A lo largo del trabajo, se analizan, particularmente, tanto el marco normativo europeo como los instrumentos de tarificación del carbono.

Así, esta aportación tiene como objetivo analizar el papel central del RCDE UE y su reciente reforma, destacando sus interacciones con otros instrumentos fiscales y regulatorios de la UE. El análisis se desarrollará entono a los siguientes ejes principales: 1) El marco normativo y los instrumentos de tarificación del carbono. 2) Las novedades introducidas en la UE, concretamente, con respecto a la modificación del RCDE UE, que amplía la cobertura sectorial y refuerza la señal de precios al carbono. 3) La evaluación de la Directiva sobre Imposición Energética y su proceso de reforma. Se estudiará el papel de la fiscalidad energética en la transición climática, destacando la necesidad de que la Directiva sobre Imposición Energética trate de alinear la fiscalidad con los objetivos climáticos, priorizando la señal de precios basada en el contenido energético y ambiental de los productos.4) Los desafíos regulatorios y solapamientos normativos:

Mediante el análisis de estos mecanismos, se busca identificar los avances, las limitaciones y las oportunidades que ofrece la tarificación del carbono, como elemento clave de la gobernanza climática. Se subraya, asimismo, la importancia de combinar eficazmente los instrumentos económicos con las políticas regulatorias, creando un marco jurídico coherente que permita maximizar las reducciones de emisiones, minimizar los impactos negativos y promover la innovación tecnológica en todos los sectores económicos.

Así, el estudio concluye resaltando la necesidad de un marco de gobernanza climática integral, en el que los sistemas de comercio de derechos de emisión y los instrumentos fiscales estén alineados a los mismos objetivos para maximizar la eficiencia ambiental y económica. La reforma del RCDE y la propuesta de revisión de la DIE representan un avance significativo hacia este objetivo, aunque su implementación efectiva requerirá una coordinación normativa sólida para evitar solapamientos regulatorios y garantizar la justicia distributiva en el proceso de transición hacia la neutralidad climática.

Este estudio preliminar servirá como base para futuras investigaciones que profundicen en los desafíos regulatorios, distributivos y fiscales que acompañan a la tarificación del carbono en la UE, con el fin de promover una gobernanza climática coherente, eficaz y equitativa. Concretamente, para adentrarse en investigación posteriores a este estudio, en primer lugar, de los desafíos regulatorios y solapamientos normativos que pueden derivarse de las crecientes interacciones entre los sistemas de comercio y otros instrumentos fiscales y regulatorios, como los impuestos al carbono o la reforma de la DIE. Se abordarán los riesgos de doble gravamen y solapamiento entre instrumentos, como la coexistencia del RCDE con impuestos al carbono o la fiscalidad energética. En segundo lugar, en las implicaciones distributivas y competitivas. En este sentido, se analizarán los efectos sobre la competitividad industrial y la justicia social, evaluando mecanismos compensatorios como el Fondo Social para el Clima. Y, por último, en el papel de la fiscalidad en la transición climática. Se destacará cómo la reforma de la Directiva sobre Imposición Energética permitiría una mejor alineación de la fiscalidad con los objetivos climáticos, priorizando la señal de precios basada en el contenido energético y ambiental de los productos.

2. La lucha contra el cambio climático en el contexto de la UE

El Acuerdo de París, adoptado el 12 de diciembre de 2015, en el marco de la Convención Marco de las Naciones Unidas sobre el Cambio Climático (CMNUCC) (en adelante, "Acuerdo de París"), entró en vigor el 4 de noviembre de 2016[2]. En dicho acuerdo, las Partes se comprometieron a mantener el aumento de la temperatura media mundial muy por debajo de los 2 °C respecto a los niveles preindustriales y a redoblar esfuerzos para limitar dicho aumento a 1,5 °C por encima de esos niveles.

Este compromiso se reforzó con la adopción del Pacto por el Clima de Glasgow, en el marco de la CMNUCC, el 13 de noviembre de 2021. Durante esta reunión, la Conferencia de las Partes en la CMNUCC, actuando como reunión de las Partes en el Acuerdo de París, destacó que los efectos del cambio climático serían significativamente menores con un aumento de la temperatura limitado a 1,5 °C en lugar de 2 °C. En consecuencia, reafirmó su determinación de intensificar los esfuerzos para alcanzar el objetivo de limitar el aumento de la temperatura global a 1,5 °C.

La importancia de mantener el objetivo del Acuerdo de París de limitar el calentamiento global a 1,5 °C se intensificó tras las conclusiones presentadas por el Grupo Intergubernamental de Expertos sobre el Cambio Climático en su sexto informe de evaluación. Dicho informe advertía que únicamente sería posible restringir el aumento de la temperatura a 1,5 °C si se implementaban sin demora reducciones significativas y sostenidas en las emisiones globales de gases de efecto invernadero (en adelante, GEI) durante ese periodo. En este contexto, afrontar los desafíos relacionados con el cambio climático y el medio ambiente, además de cumplir con los compromisos del Acuerdo de París, se convirtió en la prioridad central de la Comunicación de la Comisión publicada el 11 de diciembre de 2019 sobre el *Pacto Verde Europeo*.

El *Pacto Verde Europeo*[3] establece la ambiciosa meta de alcanzar la neutralidad climática en la UE para el año 2050, un objetivo que no solo es un compromiso político, sino que se ha convertido en una obligación jurídicamente vinculante para los Estados miembros en virtud del artículo 2.1 del Reglamento (UE) 2021/1119[4] (Reglamento conocido como la *Ley Europea sobre el Clima o Ley del Clima)*. El objetivo de este Reglamento, a tenor de su artículo 1 es establecer "un marco para la reducción progresiva e irreversible de las emisiones antropógenos de gases de efecto invernadero por las fuentes y el incremento de las absorciones de gases de efecto invernadero por los sumideros reguladas en el Derecho de la Unión".

De acuerdo con el artículo 2 del citado Reglamento, para alcanzar la pretendida neutralidad climática será preciso equilibrar las emisiones y las absorciones de gases de efecto invernadero (GEI) de aquí a 2050 de forma que "en esa fecha las emisiones netas deben haberse reducido a cero y, a partir de entonces, la Unión tendrá como objetivo lograr unas emisiones negativas". En este sentido, los considerandos 20 a 23 del Reglamento especifican que, para la consecución del objetivo señalado, resultará imprescindible implementar disposiciones y medidas que alteren las características y el funcionamiento de sectores económico-productivos específicos y particularmente emisivos, como son el energético y el del transporte. Sin embargo, será fundamental la recuperación y conservación de los servicios ecosistémicos, ya que estos permitirán preservar, administrar y optimizar los sumideros naturales y la biodiversidad, elementos cruciales en la lucha contra el cambio climático.

Para facilitar la consecución de este objetivo a largo plazo, se ha establecido un objetivo climático intermedio vinculante para 2030, según el cual la Unión debe lograr una reducción interna de las emisiones netas de GEI de, al menos, un 55 % en comparación con los niveles de 1990, tal como se estipula en el artículo 4 de dicho Reglamento. Esta normativa obliga a todos los sectores de la economía –incluidos energía, industria, transporte, calefacción y

---

2　Decisión (UE) 2016/1841 del Consejo, de 5 de octubre de 2016, relativa a la celebración, en nombre de la Unión Europea, del Acuerdo de París aprobado en virtud de la Convención Marco de las Naciones Unidas sobre el Cambio Climático (DO L 2282 de 19.10.2016).

3　COMISIÓN EUROPEA, *El Pacto Verde Europeo*, COM (2019) 640 final, de 11 de diciembre de 2019.

4　Reglamento (UE) 2021/1119 del Parlamento Europeo y del Consejo de 30 de junio de 2021 (por el que se establece el marco para lograr la neutralidad climática y se modifican los Reglamentos (CE) n.º 401/2009 y (UE) 2018/1999 ("Legislación europea sobre el clima") (DO L 243 de 9.7.2021, pp. 1-17).

refrigeración, edificios, agricultura, residuos, uso del suelo, cambio de uso del suelo y silvicultura– a contribuir a la meta de neutralidad climática para 2050, independientemente de si estos sectores están incluidos Régimen de Comercio de Derechos de Emisión de la UE (en adelante, RCDE UE), el principal instrumento económico vigente en la UE para internalizar las emisiones y hacer efectivo el principio de "quien contamina, paga"[5].

Las instituciones de la UE han reconocido que, a pesar de los compromisos políticos y jurídicos adquiridos, las estrategias de fijación de precios en ciertos sectores clave, como por ejemplo el transporte y la edificación, no han sido ni justas ni eficientes[6]. Esta constatación subraya la necesidad de aplicar de manera más efectiva los principios de "quien contamina, paga" y "el usuario paga"[7]. En este contexto, la Comisión Europea ha abogado por combinar las medidas regulatorias y de "mandato y control" con otras destinadas a lograr la integración de los sistemas de comercio de emisiones, la tarificación de infraestructuras y los impuestos medioambientales, energéticos y sobre el transporte en una política cohesiva que sea complementaria y mutuamente reforzante. Para que estos últimos instrumentos económicos desempeñen un papel efectivo en el logro de la neutralidad climática, su diseño debe estar alineado con los objetivos del *Pacto Verde Europeo*, introduciendo señales de precio que incentiven la adopción de alternativas menos contaminantes[8].

En el ámbito del escenario delineado por la citada *Ley Europea del Clima* y con el objetivo de incrementar la ambición para 2030, la Comisión ha revisado y actualizado varios instrumentos legislativos vigentes en materia de clima y energía. Por ello, la presentación en julio de 2021 del paquete legislativo *Objetivo 55*, diseñado para alinear las políticas de la UE en los ámbitos de clima, energía, transporte y fiscalidad hacia una reducción de las emisiones de gases de efecto invernadero de al menos un 55% para 2030[9], representa un paso decidido.

A mayor abundamiento, y partiendo del paquete legislativo *Objetivo 55*[10], la Comunicación de la Comisión Europea, fechada el 18 de mayo de 2022 y titulada *Plan REPowerEU*[11], delineó un compendio adicional de medidas orientadas a optimizar el uso energético, diversificar fuentes de suministro, y sustituir de manera expedita los combustibles fósiles por energías limpias, todo ello en aras de acelerar la transición hacia un panorama energético en Europa sostenible, diversificado y menos dependiente de terceros Estados. Asimismo, esta iniciativa procura la integración inteligente de inversiones y reformas estructurales. Dentro de esta comunicación se incluyen propuestas legislativas innovadoras y recomendaciones específicas con el propósito de intensificar los objetivos de eficiencia y conservación energética. Además, se abordan medidas fiscales diseñadas para incentivar el ahorro energético y reducir la dependencia de los combustibles fósiles, estableciendo así incentivos económicos que fomenten prácticas de consumo energético más sostenibles y eficientes.

Por su parte, el *paquete Objetivo 55* incluye propuestas legislativas interrelacionadas que buscan reforzar y recalibrar con los nuevos objetivos ocho iniciativas legislativas ya existentes al tiempo que introducir cinco nuevas medidas y regulaciones en los ámbitos del clima, la energía y carburantes, el transporte, la construcción y el uso del suelo. Con esta batería de propuestas, la UE busca establecer un precio al carbono en más sectores generando ingresos adicionales para una transición justa; fomentar el uso de energías renovables y la eficiencia energética; incentivar la comercialización de vehículos más limpios y combustibles menos contaminantes para el transporte; y posibilitar que la industria lidere la transición, ofreciéndole la estabilidad necesaria para estimular la inversión y la innovación.

---

5   OCDE, *Recommendation on the Use of Economic Instruments in Environmental Policy OECD/LEGAL/0258*, OCDE, París, 2022.

6   TRIBUNAL DE CUENTAS EUROPEO, *Principio de "quien contamina paga": Aplicación incoherente entre las políticas y acciones medioambientales de la UE. Informe Especial 12/2021.* Tribunal de Cuentas Europeo, Luxemburgo, 2021.

7   SANCHEZ TRANCON, D. (et. al.), *Background note: The implementation of the Polluter Pays Principle,* OCDE, París, 2022.

8   MOTTERSHEAD, D. (et. al.), *Green taxation and other economic instruments. Internalizing environmental costs to make the polluter pay,* Comisión Europea, Bruselas, 2021.

9   COMISIÓN EUROPEA, *"Objetivo 55": cumplimiento del objetivo climático de la UE para 2030 en el camino hacia la neutralidad climática,* COM(2021) 550 final, de 14 de julio de 2021.

10   *Ibid.*

11   COMISIÓN EUROPEA, *Plan REPowerEU,* COM (2022) 230 final, de 18 de mayo de 2022.

Desde la perspectiva fiscal y ambiental, el paquete legislativo también trata tanto de modificar instrumentos económicos vigentes, como el Régimen de Comercio de Derechos de Emisión de la UE (en adelante, RCDE UE) y la Directiva 2003/96 *sobre Imposición Energética*[12] como de adoptar diversos instrumentos adicionales de carácter económico con el fin de implementar de manera efectiva el principio de que "quien contamina, paga" en un mayor número de sectores y fuentes contaminantes.

En fechas más recientes, marzo de 2023, el Parlamento Europeo dio luz verde a los acuerdos alcanzados a finales de 2022 con los países miembros de la UE en relación con varios actos legislativos cruciales destinados a reducir las emisiones de GEI, avanzar en la consecución de los objetivos energéticos y medioambientales, y garantizar la transición de la economía en la UE, normas que describimos en los aparatados siguientes, y que conforman el núcleo del paquete *Objetivo 55*.

Así, las medidas previstas en el citado paquete se pueden agrupar en los siguientes tipos[13]:

a) Objetivos (Actualización de Reglamentos y Directivas): Disposiciones que tratan de actualizar los objetivos previamente establecidos en los Reglamentos de uso del suelo y de reparto del esfuerzo climático entre los Estados miembros[14], así como en las Directivas de energía renovable[15] y de eficiencia energética[16]. Esta actualización busca alinear las metas nacionales con los compromisos más amplios de la Unión Europea en materia de cambio climático.

b) Regulación (Implementación de Normativas más Estrictas): Normativas que tratan de introducir estándares más estrictos sobre las emisiones de vehículos, las infraestructuras para carburantes alternativos y el uso de combustibles más sostenibles en la aviación y el transporte marítimo[17]. Normas más estrictas para la eficiencia energética de los edificios[18]. Estas regulaciones están dirigidas a reducir significativamente el impacto ambiental de estos importantes sectores económicos y acelerar los cambios en los modelos productivo y de consumo.

c) Compensación: Mecanismos destinados a mitigar los efectos distributivos y el impacto negativo de las nuevas medidas regulatorias y de fijación de precios mediante compensaciones que faciliten la transición hacia prácticas más sostenibles y equitativas en toda la sociedad, tales como la implementación del Fondo Social para el Clima. El

---

12   Directiva 2003/96/CE del Consejo de 27 de octubre de 2003 por la que se reestructura el régimen comunitario de imposición de los productos energéticos y de la electricidad (DOUE L 283/51 de 31.10.2003).

13   MONTES, A. y MORENO, J., "Acelerar la transición ecológica: el Mecanismo de Ajuste en Frontera y la Unión Fiscal", en *Futuro de la Unión Europea: aportaciones a la Conferencia*, Dykinson, 2022, pp. 245-271.

14   Reglamento (UE) 2023/857 del Parlamento Europeo y del Consejo de 19 de abril de 2023 por el que se modifica el Reglamento (UE) 2018/842 sobre reducciones anuales vinculantes de las emisiones de gases de efecto invernadero por parte de los Estados miembros entre 2021 y 2030 que contribuyan a la acción por el clima, con objeto de cumplir los compromisos contraídos en el marco del Acuerdo de París, y el Reglamento (UE) 2018/1999 (DOUE L 111 de 26.4.2023, pp. 1-14).

15   Directiva (UE) 2023/2413 del Parlamento Europeo y del Consejo, de 18 de octubre de 2023, por la que se modifican la Directiva (UE) 2018/2001, el Reglamento (UE) 2018/1999 y la Directiva 98/70/CE en lo que respecta a la promoción de la energía procedente de fuentes renovables y se deroga la Directiva (UE) 2015/652 del Consejo (DOUE L 31.10.2023).

16   Directiva (UE) 2023/1791 del Parlamento Europeo y del Consejo de 13 de septiembre de 2023 relativa a la eficiencia energética y por la que se modifica el Reglamento (UE) 2023/955 (DOUE L 321/1 de 20.9.2023).

17   La Agencia Europea de Medio Ambiente (AEMA) ha señalado que las normas más estrictas sobre emisiones de CO_2 para turismos y vehículos comerciales ligeros aplicadas a partir de 2020 han generado un impacto positivo en la reducción de emisiones de estos vehículos. En concreto, las emisiones medias de CO_2 de los coches y furgonetas nuevos matriculados en la UE, Islandia, Noruega y el Reino Unido disminuyeron un 12 % en 2020 en comparación con 2019, y este porcentaje se mantuvo en 2021, con una reducción adicional del 12 % respecto a 2020. Este avance se atribuye principalmente al incremento significativo en el número de vehículos de cero y bajas emisiones matriculados, destacando que los coches eléctricos de batería representaron el 10 % del total de nuevas matriculaciones en 2021. En esta línea, el Reglamento (UE) 2023/851 introduce objetivos más ambiciosos para la reducción de las emisiones de CO_2 en turismos y furgonetas nuevos, estableciendo: a) Una reducción del 55 % en las emisiones de CO_2 para los turismos nuevos y del 50 % para las furgonetas nuevas, en comparación con los niveles de 2021, entre 2030 y 2034. b) Un objetivo de reducción del 100 % de las emisiones de CO_2 para ambos tipos de vehículos a partir de 2035. De acuerdo con este reglamento, los fabricantes deben garantizar que las emisiones medias de CO_2 de los vehículos nuevos matriculados por primera vez en un año no superen los umbrales específicos anuales que se les asignen. En caso de exceder dichos límites, se impone una sanción económica de 95 euros por cada gramo de CO_2/km que supere el objetivo, aplicada por vehículo matriculado. *Vid.*, Reglamento (UE) 2023/851 del Parlamento Europeo y del Consejo de 19 de abril de 2023 por el que se modifica el Reglamento (UE) 2019/631 en lo que respecta al refuerzo de las normas de comportamiento en materia de emisiones de CO_2 de los turismos nuevos y de los vehículos comerciales ligeros nuevos, en consonancia con la mayor ambición climática de la Unión (DOUE L 110/5 de 25.4.2023).

18   https://www.europarl.europa.eu/news/es/press-room/20240308IPR19003/eficiencia-energetica-de-los-edificios-nueva-ley-para-descarbonizar-el-sector

Reglamento (UE) 2023/955 establece un Fondo Social para el Clima y se modifica el Reglamento (UE) 2021/1060[19]. El Fondo Social para el Clima es una medida diseñada para asegurar una transición climática justa y socialmente inclusiva. Está destinado a abordar los efectos sociales y distributivos del nuevo régimen de comercio de derechos de emisión para los edificios y el transporte por carretera.

El Fondo Social para el Clima se financiará mediante el producto de las subastas de derechos de emisión del RCDE UE, generando previsiblemente hasta 65.000 millones de euros, con un 25% adicional proveniente de recursos nacionales, para un total estimado de 86.700 millones de euros. Se espera que esté plenamente operativo a partir de 2026 para abordar los efectos sociales y distributivos del nuevo régimen de comercio de derechos de emisión para los edificios y el transporte por carretera. Este fondo beneficiará a familias vulnerables, microempresas y usuarios del transporte afectados por la pobreza energética y de transporte, proporcionando medidas de apoyo, inversiones y, en algunos casos, ayudas directas a la renta. Formará parte del presupuesto de la UE y jugará un papel crucial en la mitigación del impacto social de la transición climática.

d) Precios (Instrumentos para la Modificación de la Estructura de Precios): Instrumentos que buscan modificar la estructura de precios con el fin de incentivar la adopción de decisiones más sostenibles por parte de consumidores y productores. Esto incluye: la Reforma del Régimen de Comercio de Derechos de Emisión de la UE (en adelante, RCDE I)[20] y creación de un nuevo RCDE UE (en adelante, RCDE II[21]), Directivas a través de las cuales se amplían los sistemas de comercio de emisiones a sectores como la aviación, el transporte marítimo y por carretera, y los edificios; la implementación del Mecanismo de Ajuste en Frontera por Carbono (MAFC)[22] y la propuesta de revisión de la Directiva sobre Imposición Energética[23]. Desde el punto de vista fiscal y medioambiental, los instrumentos económicos previstos en el citado paquete se centran en introducir definitivamente en la práctica el principio de que "quien contamina, paga" para gravar las fuentes de energía en consonancia con los objetivos climáticos y medioambientales. Al mismo tiempo, la Comisión busca fijar precios al carbono en sectores excluidos hasta para generar ingresos adicionales.

3. El principio de "quien contamina, paga" en la gobernanza ambiental

En el caso concreto del cambio climático, debemos tener en cuenta que nos encontramos ante una externalidad negativa a nivel mundial al emitirse globalmente GEI sin coste económico para el emisor[24]. Desde un punto de vista económico, esto significa que es preciso articular políticas públicas para hacer frente a este fallo en el mercado[25]. Así, desde la óptica de la teoría económica, hacer frente al desafío del cambio climático requiere instrumentar un conjunto de políticas públicas basadas en instrumentos como los explicitados arriba.

La intervención del sector público para la protección del medio ambiente ha sido defendida por la ciencia económica desde principios del siglo XX ganando especial relevancia a partir de los años setenta con las recomendaciones de

19   Reglamento (UE) 2023/955 del Parlamento Europeo y del Consejo de 10 de mayo de 2023 por el que se establece un Fondo Social para el Clima y se modifica el Reglamento (UE) 2021/1060 (DO L 130 de 16.5.2023).

20   Directiva (UE) 2023/958 del Parlamento Europeo y del Consejo de 10 de mayo de 2023 por la que se modifica la Directiva 2003/87/CE en lo que respecta a la contribución de la aviación al objetivo de la Unión de reducir las emisiones en el conjunto de la economía y a la adecuada aplicación de una medida de mercado mundial (DOUE L 130/115 de 16.5.2023).

21   Directiva (UE) 2023/959 del Parlamento Europeo y del Consejo de 10 de mayo de 2023 que modifica la Directiva 2003/87/CE por la que se establece un régimen para el comercio de derechos de emisión de gases de efecto invernadero en la Unión (DO L 130 de 16.5.2023, p. 134).

22   Reglamento (UE) 2023/956 por el que se establece un Mecanismo de Ajuste en Frontera por Carbono (DO L 130 de 16.5.2023, pp. 52-104).

23   COMISIÓN EUROPEA, *Propuesta de Directiva del consejo por la que se reestructura el régimen de la Unión de imposición de los productos energéticos y de la electricidad (refundición)*, Bruselas, 14.7.2021 COM (2021) 563 final

24   STERN, N., *The Economics of Climate Change: The Stern Review,* Cambridge University Press, 2007.

25   HANLEY, N., "Cost–benefit analysis and environmental policy making", Environment and Planning C: Politics and Space, n. 19, 2001, pp. 103-118.

la OCDE[26]. En 1991, la OCDE recomendó explícitamente la internalización de los costes asociados a la prevención, el control y los daños de la contaminación. La organización subrayó que esta internalización era fundamental para lograr: a) Una gestión sostenible de los recursos ambientales, garantizando su conservación y uso responsable a largo plazo. b) Una asignación económicamente eficiente de los recursos, evitando externalidades negativas y asegurando que los costes ambientales se reflejen en las decisiones económicas[27].

De acuerdo con las recomendaciones de la OCDE, el contaminador debe asumir los costes derivados de las medidas implementadas por los poderes públicos para garantizar un estado ambiental adecuado. En términos económicos, esto implica la internalización de las externalidades ambientales negativas, es decir, la inclusión de los costes ambientales asociados a la contaminación dentro de los costes totales soportados por el contaminador[28]. Sin esta internalización, dichas externalidades impactarían negativamente en la sociedad, transfiriendo el coste a otros agentes económicos. La internalización asegura que los precios de mercado reflejen el impacto ambiental de la producción y uso de bienes y servicios, incluyendo factores como el consumo de recursos naturales, generación de residuos contaminación y eliminación. Cuando los contaminadores asumen estos costes, el precio de los productos aumenta para incorporar el impacto ambiental. Todo lo anterior genera señales de precio hacia los consumidores, quienes tienden a preferir opciones más económicas. Así, se crea un incentivo para que los productores desarrollen y comercialicen bienes menos contaminantes[29].

El objetivo subyacente es asegurar la eficiencia económica mediante la incorporación de los costes ambientales en los precios de mercado, incentivando así la reducción de la contaminación. Como señala VANDEKERCKHOVE[30], esta estrategia busca disminuir la contaminación al integrar los costes sociales en el mecanismo de mercado.

La Comunidad Europea recogió la recomendación de la OCDE en su primer Programa de Acción Medioambiental (1973-1976) y en una Recomendación de 3 de marzo de 1975 sobre asignación de costes y actuación de las autoridades en materia medioambiental. En 1987 el principio se consagró en el Tratado de las Comunidades Europeas. Desde 1990 este principio ha sido considerado como un "principio general de derecho ambiental internacional"[31].

Más recientemente, es importante anotar que, en el ámbito de la UE, el artículo 191.1 del Tratado de Funcionamiento de la Unión Europea (TFUE) establece como objetivo expreso de la política medioambiental de la Unión la lucha contra el cambio climático. En este contexto, el principio de "quien contamina, paga" figura, junto con los principios de cautela, acción preventiva y corrección de los daños al medio ambiente en su origen, como uno de los principios rectores de la política medioambiental de la UE. Estos principios deben inspirar las estrategias y técnicas desarrolladas para abordar los problemas medioambientales. Así lo dispone específicamente el artículo 191.2 del TFUE, que señala que:

"La política de la Unión en el ámbito del medio ambiente (...) se basará en los principios de cautela y de acción preventiva, en el principio de corrección de los atentados al medio ambiente, preferentemente en la fuente misma, y en el principio de quien contamina paga".

---

26 El principio de "quien contamina, paga" fue introducido por la OCDE en 1972 como un principio económico de asignación de costes. Este principio establece que los contaminadores deben asumir los gastos derivados de las medidas de prevención y control de la contaminación que las autoridades públicas consideren necesarias para mantener el medio ambiente en un estado aceptable. En su concepción inicial, el principio se limitaba a la prevención de la contaminación y la cobertura de los costes asociados al control de sus efectos. Sin embargo, con el tiempo, su alcance se amplió significativamente, incorporando también los costes derivados de medidas adoptadas para abordar las emisiones de agentes contaminantes y mitigar su impacto ambiental. *Vid.* OCDE. *The Polluter-Pays Principle, Analyses and Recommendations*, OCDE, París, 1992 y OECD, *Recommendation of the Council on the Implementation of the Polluter-Pays Principle, OECD/LEGAL/0132*, OCDE, París, 2022.

27 OCDE. *Recommendation on the Use of Economic Instruments in Environmental Policy...Óp. cit.*

28 Desde un punto de vista teórico, esta propuesta económica se fundamenta en vincular las teorías de los costes sociales y las imperfecciones del mercado con un sistema que permita internalizar los gastos de protección ambiental. De esta forma, se pretende que el causante del daño asuma una cuantía proporcional a su impacto ambiental, ya sea a través de un gravamen sobre los productos que utiliza o fabrica, o directamente sobre las emisiones contaminantes que genera. *Vid.* VAQUERA GARCÍA, A., "Un problema actual al que debe enfrentarse la transición ecológica en el ámbito tributario: la posible concreción de la capacidad contaminante como índice de riqueza sometido a gravamen", Documentos - Instituto de Estudios Fiscales, N. 6, 2020, pp. 181-192

29 SÁNCHEZ TRANCON, D. (*et. al.*). *Background note: The implementation of the Polluter Pays Principle,* OCDE, París, 2022.

30 VANDEKERCKHOVE, K., "The Polluter Pays Principle in the European Community", Yearbook of European Law, Vol. 13.1, 1993, pp. 201-262

31 *Vid.* Instrumento de Ratificación del Convenio Internacional sobre cooperación, preparación y lucha contra la Contaminación por Hidrocarburos, 1990, hecho en Londres el 30 de noviembre de 1990. BOE núm. 133, de 05/06/1995. *(TOL662.700).*

El Tribunal de Justicia de la Unión Europea (TJUE) ha destacado que el artículo 191.2 explicita que la política ambiental de la Unión tiene como objetivo alcanzar un nivel elevado de protección ambiental, sustentándose en el principio de "quien contamina, paga". No obstante, este artículo define únicamente los objetivos generales de la Unión en materia de medio ambiente. Según el artículo 192.1 del TFUE, corresponde al Parlamento Europeo y al Consejo de la Unión Europea, mediante el procedimiento legislativo ordinario, determinar las medidas necesarias para alcanzar dichos objetivos.

El reconocimiento legal del principio económico de "quien contamina, paga" ha ido acompañado de su integración progresiva en las políticas medioambientales implementadas por los Estados y organismos supranacionales. Este proceso ha sido especialmente significativo en las políticas climáticas y energéticas de la UE, donde dicho principio se ha incorporado de manera gradual y consistente, culminando, en el ámbito de la lucha contra el cambio climático, con el Reglamento (UE) 2021/1119, conocido como la *Ley del Clima*[32]. Concretamente, en su considerando 9, este Reglamento establece que la acción climática de la Unión y de los Estados miembros debe guiarse por los principios de cautela y de "quien contamina, paga", ambos consagrados en el Tratado de Funcionamiento de la Unión Europea (TFUE). Asimismo, deben tenerse en cuenta otros principios relevantes, como el de "primero, la eficiencia energética", derivado de la Unión de la Energía, y el de "no ocasionar daños", enmarcado en el *Pacto Verde Europeo*.

4. Instrumentos para hacer efectivo principio "quien contamina, paga"

Para alcanzar una mayor aplicación del principio "quien contamina, paga" los gobiernos pueden adoptar tres enfoques políticos distintos y complementarios. El primero de ellos estaría basado en lo que denominamos medidas de "mandato y control"[33], es decir, un enfoque regulatorio clásico, basado en la introducción de prohibiciones, procedimientos de licencias, órdenes y sanciones administrativas, estándares específicos, objetivos obligatorios, licencias u otro tipo de regulaciones. En estos casos, el principio de "quien contamina, paga" se haría efectivo porque el responsable de la contaminación tendría que hacer frente a los costes de cumplimiento.

Un segundo enfoque estaría basado en los que la ciencia económica ha bautizado como instrumentos económicos y que englobaría: los impuestos, los permisos y cuotas negociables, subvenciones o normas de responsabilidad[34]. Estos instrumentos permiten alcanzar los objetivos ambientales de manera flexible y se consideran mecanismos eficientes y efectivos para orientar a través de señales de precio la producción y el consumo hacia comportamientos de los agentes económicos menos contaminantes o más eficientes y sostenibles. Se trata, en definitiva, de introducir incentivos y/o desincentivos financieros que incidan en el comportamiento del contaminador al introducir los costes y/o los beneficios ambientales en los presupuestos de los hogares o las empresas.

---

32 *Óp. cit.*

33 Los mecanismos regulatorios de mandato y control adoptan "la forma de una regulación convencional de la actividad económica, a través del establecimiento de normas de obligado cumplimiento para los contaminadores. Generalmente éstas fijan límites de emisiones, de productos intermedios y/o finales (para garantizar unos estándares de calidad ambiental) y procesos técnicos de producción y descontaminación. Para controlar los posibles incumplimientos, que pueden ser objeto de sanción económica y/o penal, estos mecanismos cuentan con un sistema de monitorización ex ante y/o ex post". Estas regulaciones pueden tomar diversas formas: normas sobre productos, normas sobre emisiones, normas sobre inmisión de contaminantes, normas tecnológicas o estándares de diseño, normas de planificación. *Vid.* LABANDEIRA VILLOT, X.; RODRÍGUEZ MÉNDEZ, M.; Y LÓPEZ OTERO, X., "Regulación ambiental del sector energético y sus alternativas correctoras", *Economía Industrial*, n. 365, 2007.

34 Los instrumentos económicos o de mercado se caracterizan por "modificaciones en el comportamiento ambiental de los agentes mediante el juego de los incentivos económicos, descentralizando las decisiones en éstos. Al permitir que los agentes reaccionen en función de sus capacidades y preferencias, estos instrumentos introducen flexibilidad en las políticas ambientales, huyendo de soluciones uniformes y consiguiendo así que las mejoras ambientales se alcancen con el mínimo coste para la sociedad (eficiencia estática)". Dentro de estos instrumentos pueden encuadrarse: impuestos, mercados de derechos de emisión y las subvenciones. *Ibid.*

Junto a los instrumentos anteriores tenemos también los instrumentos o métodos de carácter voluntario como los acuerdos voluntarios, los sistemas de gestión ambiental o el etiquetado permitirían introducir información para incentivar la producción o consumo de productos menos contaminantes[35].

Frente a la clasificación proveniente del ámbito económico, VAQUERA GARCÍA[36] subraya la necesidad de distinguir entre métodos directos, indirectos y mixtos, en lugar de referirse a instrumentos económicos y no económicos. Este enfoque ofrece una clasificación más coherente y alineada con la dogmática tributaria y jurídica, ya que todos los métodos, independientemente de su naturaleza, emplean normas jurídicas para su implementación y generan efectos económicos en mayor o menor medida.

Desde esta perspectiva, se identifican dos sistemas principales para que los entes públicos aborden el problema ambiental y apliquen el principio de "quien contamina, paga":

a) Métodos directos o inmediatos:

Estos métodos incluyen el control administrativo y la normativa de obligado cumplimiento, que imponen estándares ambientales que los sujetos contaminadores deben cumplir. Aunque eficaces en términos de control, presentan limitaciones significativas, como un elevado coste administrativo, mayores dificultades de implementación y la ausencia de incentivos para los contaminadores, salvo la amenaza de sanciones en caso de incumplimiento.

b) Métodos indirectos o mediatos:

Consisten en la introducción de estímulos para modificar las conductas contaminantes, incentivando a los operadores a internalizar los costes externos negativos (externalidades) asociados a su actividad. Estos estímulos pueden ser positivos (como subvenciones o beneficios fiscales, que premian comportamientos sostenibles) o negativos (como tributos ambientales, que imponen cargas fiscales sobre las actividades contaminantes).

Además, se identifica un método mixto, representado por los permisos negociables de contaminación, como el sistema de mercado de derechos de emisión de contaminantes vigente en España. Este método combina un enfoque directo, al establecer un límite máximo de emisiones permitidas, con un enfoque indirecto, al permitir el intercambio de permisos en un mercado, donde el precio fluctúa según la oferta y la demanda. Este sistema no solo establece un marco regulador, sino que también incentiva económicamente la reducción de emisiones de forma eficiente.

Entre los métodos indirectos de carácter negativos la fiscalidad ambiental, entendida como el uso de tributos para gravar actividades contaminantes, desempeña un papel destacado[37].

Los métodos directos, indirectos y mixtos ofrecen enfoques complementarios para abordar el problema ambiental. Su adecuada combinación permite garantizar la eficacia de las políticas públicas, incentivando conductas sostenibles y asegurando el cumplimiento de los principios jurídicos y económicos que rigen la acción del sector público en este ámbito.

En el marco de las nuevas normas adoptadas por la Unión Europea, se refleja una clara intención de la Comisión Europea de apostar por la combinación de distintos métodos para abordar los desafíos medioambientales. Como se han enumerado anteriormente, este enfoque se manifiesta en el refuerzo de los ocho actos legislativos vigentes

---

35   TRIBUNAL DE CUENTAS EUROPEO, *Principio de "quien contamina paga"...Óp. cit.*

36   Según el citado autor, este enfoque revela diversos problemas terminológicos y metodológicos que han sido objeto de debate en numerosas publicaciones sobre medio ambiente y fiscalidad. Entre las críticas señaladas, destaca el uso indiscriminado de criterios derivados de la Economía sin una argumentación sólida ni un razonamiento crítico y sosegado, lo que ha contribuido a una proliferación de estudios en esta materia. Para el autor, este enfoque prioriza la divulgación de información sin abordar en profundidad los aspectos jurídicos y metodológicos que resultan esenciales para el diseño y desarrollo de políticas públicas efectivas en el ámbito medioambiental. Tal carencia, según señala, limita la capacidad de estas publicaciones para aportar soluciones concretas y fundamentadas en un marco normativo sólido. *Vid.* VAQUERA GARCÍA, A., "Un problema...*Óp. cit.*

37   Como señala el citado autor, estos tributos deben respetar los principios constitucionales tributarios, especialmente el de capacidad económica, lo que introduce desafíos significativos en su diseño. Este principio exige vincular el gravamen a la capacidad contaminante del sujeto pasivo, garantizando que aquellos que generan un mayor impacto ambiental asuman una mayor responsabilidad fiscal. *Vid.* VAQUERA GARCÍA, A., "Un problema... *Óp.cit.*

y la introducción de los objetivos e instrumentos en sectores clave, como el clima, la energía y los combustibles, el transporte, los edificios, el uso de la tierra y la silvicultura.

Las medidas adoptadas tienen como finalidad alcanzar los objetivos climáticos y medioambientales mediante una combinación equilibrada de instrumentos regulatorios y económicos. La estrategia de la Comisión Europea busca garantizar un equilibrio adecuado entre, por un lado, mecanismos indirectos y mixtos basados en políticas de fijación de precios del carbono (instrumentos económicos o de mercado) y, por el otro, métodos directos como los objetivos medioambientales, las normas regulatorias y las medidas de apoyo (mecanismos regulatorios o de "mandato y control").

Este enfoque integrado pretende abordar de manera efectiva los retos ambientales, promoviendo la sostenibilidad y el cumplimiento de las metas establecidas[38]. En este sentido, la Comisión Europea reconoce que los instrumentos de fijación de precios al carbono, como el RCDE UE o los impuestos al carbono, deben desempeñar un papel central en la promoción del cambio hacia tecnologías maduras y bajas en carbono. Sin embargo, señala que estos instrumentos pueden no ser suficientes para generar una señal de inversión adecuada que impulse el desarrollo de tecnologías innovadoras aún en fases tempranas, que corrijan las deficiencias estructurales del mercado o que hagan frente de forma suficiente a las barreras externas que limitan la transición climática. El alto coste asociado a las primeras etapas de desarrollo tecnológico puede dificultar la penetración de estas tecnologías en el mercado si no se implementan incentivos específicos destinados a estimular su avance. Por tanto, es esencial complementar los instrumentos de fijación de precios con políticas que favorezcan la innovación tecnológica y aceleren la transición hacia soluciones más sostenibles.

Asimismo, la Comisión Europea advierte que una dependencia excesiva de las políticas reglamentarias podría derivar en cargas económicas innecesarias para los sectores afectados, comprometiendo su competitividad y ralentizando el progreso hacia una economía baja en carbono. Por ello, el enfoque equilibrado entre instrumentos económicos y regulatorios resulta clave para promover una transición justa y sostenible, alineada con los objetivos climáticos establecidos.

Por ejemplo, la Comisión Europea ha reconocido que una ampliación de los instrumentos de fijación de precios del carbono, aunque puede impulsar considerablemente la adopción de tecnologías bajas en carbono ya consolidadas, no es suficiente por sí sola para incentivar el desarrollo de tecnologías innovadoras, como los biocombustibles avanzados[39]. En particular, la Comisión Europea ha destacado que los altos costes asociados a las etapas iniciales del desarrollo tecnológico pueden retrasar la entrada al mercado de estas tecnologías, salvo que se implementen incentivos específicos que faciliten su avance y adopción.

En este contexto, se vuelve imprescindible complementar los instrumentos económicos con políticas de apoyo adicionales, a fin de garantizar una combinación equilibrada entre mecanismos regulatorios y de mercado. Este enfoque permite abordar de manera eficiente y efectiva los desafíos climáticos, favoreciendo la innovación tecnológica y asegurando el cumplimiento de los objetivos medioambientales establecidos[40].

Otro ejemplo que ilustra la interacción entre instrumentos económicos y normativos es el caso de la fijación de precios a las emisiones de GEI, que puede ser un factor clave para promover inversiones bajas en carbono. Sin embargo, diversos estudios han señalado que los impactos de este tipo de instrumentos difieren considerablemente entre sectores, dependiendo de factores como la elasticidad precio de la actividad y la disponibilidad de alternativas asequibles.

---

38   *Vid.* COMISIÓN EUROPEA, *"Objetivo 55": cumplimiento del objetivo climático... Op. cit.* y COMISIÓN EUROPEA, *Impact assessment report Accompanying the document Proposal for a Council Directive restructuring the Union framework for the taxation of energy products and electricity* (SWD(2021) 641 final, Comisión Europea, Bruselas,2021.

39   *Vid.*, en este sentido, ANTÓN ANTÓN, A., "Chapter 9: The Energy Tax Directive reform", en DE ALMEIDA, L. y VAN ZEBEN, J. (Eds.) *Law in the EU's Circular Energy System Biofuel, Biowaste and Biogas,* Edward Elgar Publishing, 2023, pp. 182-204.

40   ANTÓN ANTÓN, Á., "La fiscalidad energética en el contexto del pacto verde europeo", Documentos - Instituto de Estudios Fiscales, n. 8, 2022, pp. 154-191 y COMISIÓN EUROPEA, *Propuesta de DIRECTIVA DEL CONSEJO por la que se reestructura el régimen de la Unión de imposición de los productos energéticos y de la electricidad...Óp. cit.*

Concretamente, en el sector del transporte, se ha estimado que los estándares e instrumentos de política no basados en precios, como los estándares de emisiones o los objetivos intermedios de ventas de vehículos eléctricos, pueden ser más efectivos que la simple fijación de precios al carbono. Así lo demuestra el caso de Alemania, que adoptó un régimen de comercio de derechos de emisión para los sectores del transporte y la calefacción, similar al introducido por la Directiva (UE) 2023/959[41]. En este sistema, el precio inicial del carbono fue fijado en 25 € por tonelada de CO_2, un nivel que, según los estudios realizados, solo lograría reducciones limitadas de emisiones en el transporte debido a la baja sensibilidad al precio en este sector[42].

Para estimular las innovaciones necesarias en el mercado de vehículos, estos estudios señalan que la señal de precios generada por el sistema alemán no es suficiente a corto plazo. Sería necesario complementarla con un objetivo ambicioso de reducción de CO_2 en el marco de los estándares de emisiones, posiblemente combinado con una cuota para vehículos eléctricos, con el fin de impulsar mejoras en la eficiencia de los vehículos y aumentar el número de registros de automóviles eléctricos. Además, se sugiere que la eliminación del precio fijo de 25 € y su sustitución por un precio de mercado más elevado sería imprescindible para alcanzar los objetivos de protección climática en el transporte de aquí a 2030

No obstante, a diferencia del sector energético e industrial, el transporte de pasajeros presenta desafíos particulares[43]. Los principales actores clave no son empresas guiadas por principios económicos, sino ciudadanos que suelen tomar decisiones basadas en criterios subjetivos y sin cálculos racionales de costes. Por ello, los estudios coinciden en que las estrategias de reducción de CO_2 en el transporte requieren un enfoque integral que abarque: a) Medidas regulatorias, como estándares de emisiones más estrictos. b) Incentivos financieros, tanto positivos como negativos. c) Educación y concienciación pública para modificar comportamientos. d) Inversiones en infraestructura y desarrollo tecnológico, como redes de carga para vehículos eléctricos.

En este contexto, la Comisión Europea ha reconocido que los estándares de emisiones de CO_2 para turismos constituyen el principal instrumento para alcanzar los objetivos de reducción en este sector. Sin embargo, también señala que el transporte por carretera tiene un importante potencial de reducción rentable y que la inclusión de este sector en el comercio de derechos de emisión, en combinación con otras medidas regulatorias y de inversión, podría ofrecer mayores incentivos económicos y una mayor seguridad jurídica. Los mismos estudios señalan que, dentro de una combinación equilibrada de instrumentos, el precio del carbono es un elemento esencial para crear e intensificar incentivos económicos en todos los niveles. Además, los ingresos generados por estos sistemas pueden ser redistribuidos de manera adecuada, contribuyendo a garantizar la justicia social y financiando la transformación hacia un modelo más sostenible.

Asimismo, la Comisión Europea argumenta que la aplicación de un instrumento económico para fijar el precio del carbono en el transporte por carretera, basado en un régimen de comercio de derechos de emisión, tendría varias ventajas: a) Captaría las emisiones de la flota que están por debajo de los límites máximos establecidos por la normativa. b) Incentivaría cambios de comportamiento con efectos duraderos en las soluciones de movilidad. c) Generaría una señal de precios que complementaría las medidas regulatorias, promoviendo una transición más efectiva hacia un modelo de transporte sostenible.

---

41   *Vid.* ANTÓN ANTÓN, A., "El nuevo régimen de comercio de derechos de emisión y su coordinación con los impuestos energético-medioambientales: especial referencia al transporte por carretera", en RAMOS PRIETO, J. (Dir.), *Retos de la Fiscalidad Indirecta en el nuevo contexto internacional,* Aranzadi, 2023, pp. 325-379.

42   ZIMMER, W. (et. al.*) "*Rolle der CO2-Bepreisung im Instrumentenmix für die Transformation im Verkehrssektor", Climate Change 27, Umweltbundesamt, 2022.

43   Entre estos desafíos se enumeran los siguientes: a) Barreras económicas: Las opciones de transporte más sostenibles a menudo tienen un coste inicial más alto en comparación con los vehículos convencionales. Para superar esta barrera, se requieren políticas de apoyo, como incentivos fiscales, subsidios o programas de financiación a bajo interés para facilitar la adquisición de vehículos eficientes o el uso compartido de automóviles. b) Infraestructura insuficiente. La falta de infraestructura adecuada, como estaciones de carga para vehículos eléctricos o una red de transporte público bien desarrollada, puede obstaculizar la adopción de opciones de transporte sostenibles. Es necesario invertir en la expansión y mejora de la infraestructura de transporte para facilitar la transición hacia modos de transporte más respetuosos con el medio ambiente. c) Factores socioculturales. Las actitudes y normas sociales también pueden influir en las decisiones de movilidad. Es importante promover cambios culturales que valoren la sostenibilidad y fomenten la adopción de opciones de transporte más respetuosas con el medio ambiente. d) Cambio de comportamiento y preferencias: Es necesario influir en las preferencias de los ciudadanos y fomentar la adopción de opciones de transporte más sostenibles. Esto puede lograrse a través de campañas de concienciación, educación, incentivos financieros y mejoras en la infraestructura del transporte público y la movilidad compartida. *Ibid.*

Este enfoque refuerza la necesidad de un marco normativo robusto que integre soluciones complementarias, garantizando que las medidas adoptadas promuevan la descarbonización de la economía europea, al tiempo que minimicen las cargas innecesarias para los sectores económicos afectados.

En definitiva, la lucha contra el cambio climático exige un enfoque integral que combine de manera equilibrada instrumentos económicos y regulatorios. Resulta claro que ningún mecanismo por sí solo puede abordar la complejidad de las externalidades ambientales ni superar los retos específicos de cada sector económico. La fijación de precios al carbono, los estándares regulatorios, los incentivos financieros, las inversiones tecnológicas y las políticas de concienciación deben interactuar de forma complementaria para garantizar una transición efectiva, justa y sostenible hacia una economía baja en carbono. Solo mediante esta combinación estratégica se podrán alcanzar los objetivos climáticos y medioambientales establecidos, promoviendo la innovación, incentivando cambios de comportamiento y asegurando que los beneficios de la transformación se distribuyan equitativamente en la sociedad.

Dentro de este enfoque integral, los instrumentos para la modificación de la estructura de precios desempeñan un papel esencial al abordar directamente las externalidades generadas por las emisiones de GEI.

4.1. Instrumentos Jurídicos y Económicos para la Tarificación del Carbono

El principio de "quien contamina, paga", pilar central del Derecho ambiental, se traduce en la práctica en la adopción de normas que tratan de internalizan los costes sociales de las emisiones. Estos instrumentos son fundamentales dentro del marco jurídico y económico para implementar estrategias efectivas contra el cambio climático. Específicamente, en el ámbito concreto de la lucha contra el cambio climático, el principio de "quien contamina, paga" puede aplicarse a los responsables de las emisiones de GEI a través de instrumentos destinados a fijar un "precio al cabo" como pueden ser los impuestos o los sistemas de permisos negociables.

Así, la fijación de precios al carbono se presenta como una herramienta clave dentro del marco jurídico para combatir las emisiones de GEI y mitigar los efectos del cambio climático. Concretamente, se ha considerado que los instrumentos de fijación de precios al carbono son políticas eficientes y eficaces para lograr los objetivos climáticos y apoyar una recuperación verde.

Específicamente, la fijación de un precio explícito al carbono puede traducirse en cambios de comportamiento y dirigirlo hacía alternativas menos contaminantes en empresas y consumidores al tiempo que movilizan recursos para alcanzar los objetivos presupuestarios y ambientales de los Estados[44]. La fijación de precios del carbono supone aplicar cargas o costes a los combustibles fósiles basados en su contenido de carbono o en sus emisiones de CO_2 cuando combustionan que se traducen en incentivos financieros para reducir las emisiones. Al incorporar los costes del cambio climático en la toma de decisiones económicas, la internalización de precios del carbono puede ayudar a fomentar cambios en los patrones de producción, consumo e inversión, respaldando así un crecimiento bajo en emisiones de CO_2[45].

Los sistemas de comercio de emisiones, por un lado, y los impuestos sobre el carbono o sobre el CO_2, por el otro, se han convertido en los principales instrumentos económicos para introducir señales de precio de este tipo[46]. Concretamente, en el caso de la UE, con la introducción del nuevo régimen de comercio de derechos de emisión para los "sectores difusos" (RCDE UE II), incluido el transporte por carretera, y la revisión del RCDE UE I se confirma la primacía de estos instrumentos económicos, o de mercado, frente a los impuestos sobre el carbono y energéticos para introducir señales de precio sobre el carbono y, por tanto, como principales instrumentos de tarificación de las emisiones de CO_2 en la UE.

---

44   OCDE, *Effective Carbon Rates. Pricing CO2 Through Taxes and Emissions Trading Systems*, OCDE, 2016, París.

45   WORLD BANK, *State and Trends of Carbon Pricing 2022. State and Trends of Carbon Pricing*, World Bank, Washington, DC, 2022

46   WORLD BANK, *State and trends of carbon pricing 2020*, World Bank, Washington, 2020.

Además de dar cumplimiento al principio legal de "quien contamina, paga", se trata de un instrumento que tiene múltiples justificaciones económicas[47]:

-Reducciones de emisiones: La fijación de una señal de precio incentiva una amplia gama de respuestas conductuales para reducir el consumo de energía y cambiar a productos energéticos de bajo carbono en comparación con los instrumentos que no implican precios. Así, por ejemplo, con la introducción de una señal de precios más elevada para los productos energéticos con alto contenido energético en comparación con las alternativas con bajo contenido en carbono se fomenta la reducción del consumo de los primeros y se reducen las emisiones GEI.

-Inversión en energías limpias: La expectativa de precios crecientes de los combustibles incentiva la innovación y adopción de nuevas tecnologías de menos intensidad en carbono, especialmente si se especifica una trayectoria clara y creíble de aumentos de precios. Un fuerte compromiso con los precios del carbono aumenta la seguridad jurídica para los agentes económicos a la hora de invertir en el uso de tecnologías limpias disponibles o en el desarrollo de otras nuevas.

– Fiscal: El precio moviliza una fuente adicional de ingresos que se puede utilizar para lograr diversos objetivos económicos y de distribución[48].

– Beneficios ambientales internos: La fijación de precios también puede generar importantes beneficios ambientales internos, como mejoras en la salud humana debido a la reducción de la contaminación del aire local.

Teniendo en cuenta los impactos de este instrumento, diversos organismos internacionales defienden que una mayor ambición en materia de fijación de precios del carbono -cuando forma parte de un paquete integral de políticas climáticas y se basa en estrategias sólidas a largo plazo- puede desempeñar un papel fundamental para superar la brecha existente entre compromisos de reducciones adquiridos y políticas adoptadas para alcanzarlos[49]. Y, en consecuencia, consideran que la fijación de precios al carbono es un instrumento de política de descarbonización eficaz y eficiente que puede ser incluida por los Estados en una estrategia más amplia para alcanzar los objetivos de reducción de GEI[50]. Sin embargo, también precisar que, aunque existen actualmente 75 instrumentos de fijación de precios al carbono en operación a nivel mundial, su cobertura representa solo el 24% de las emisiones globales[51].

En definitiva, la fijación de precios al carbono tiene el potencial para "propiciar los cambios necesarios en las estructuras de inversión, producción y consumo e inducir el tipo de progreso tecnológico que puede bajar los costes de reducción de emisiones en el futuro".

La fijación de precios al carbono puede implementarse a través de instrumentos jurídicos que trasladan estos para imponer una señal económica a los emisores de GEI. En este caso, la fijación de precios al carbono puede ser tanto directa como indirecta, en función de cómo el instrumento económico vincule las emisiones de gases de efecto invernadero (GEI) con los costes asociados a su mitigación. Esta distinción tiene implicaciones tanto prácticas como normativas, afectando la estructura del sistema, la intensidad de la señal de precios y los sectores económicos regulados Los instrumentos más destacados para emitir señales directas de precios son los sistemas de comercio de emisiones (ETS, en sus siglas en inglés) y los impuestos al carbono, mientras que los mecanismos de generación de créditos de carbono ocupan un lugar central en el ámbito voluntario o de cumplimiento regulado. También existen instrumentos que emiten señales de precios indirectas, como los impuestos sobre combustibles o la eliminación de subsidios a combustibles fósiles.

---

47   *Vid.* PARRY, I. (et. al.) "Carbon Taxes or Emissions Trading Systems? Instrument Choice and Design", IMF Staff Climate Note 2022/006, International Monetary Fund, Washington, 2022.

48   OCDE, *Effective Carbon Rates 2021*, OCDE, París, 2021

49   WORLD BANK, *State and Trends of Carbon Pricing 2022...Óp. cit.*

50   Algunos estudios estiman que un aumento de 1 euro por tonelada de CO_2 en el tipo impositivo del carbono puede conducir a una reducción media de las emisiones del 0,73 % a lo largo del tiempo. Esto significa que, para un Estado que parte de un precio al carbono de 0, la fijación de un precio al carbono de 10 euro por tonelada de CO_2 en el sector energético podría reducir las emisiones en aproximadamente un 7,3 %. *Vid.*, SEN, S. y VOLLEBERGH, H., "The effectiveness of taxing the carbon content of energy consumption", Journal of Environmental Economics and Management, n. 9, 2018, pp. 74-99

51   WORLD BANK., *State and Trends of Carbon Pricing 2024.*, World Bank, Washington, 2024, http://hdl.handle.net/10986/41544

Así, la fijación de precios al carbono por parte de los Estados puede realizarse a través de diversos instrumentos de política, los cuales pueden adaptarse a las circunstancias, prioridades y necesidades específicas de cada país. De acuerdo con la doctrina económica, el impacto en el clima de la fijación de precios al carbono dependerá de la amplitud con la que se aplique, el nivel de precio establecido y la disponibilidad de oportunidades de reducción de emisiones.

En este sentido, y como hemos señalado anteriormente, la respuesta de los consumidores dependerá de la posibilidad que ofrece el mercado para trasladar los costes del carbono a lo largo de la cadena de suministro, o la inclusión de ajustes en el diseño del Índice de Precios al Consumidor (IPC) para mejorar el funcionamiento de un precio del carbono en entornos de mercado regulados. Además, a menudo se necesitan otras políticas e inversiones (como infraestructura de transporte público) para mejorar la capacidad de los consumidores de responder a precios más altos mediante la transición a alternativas de menor emisión[52].

4.1.1. Instrumentos de fijación de precios directos al carbono

Los instrumentos que fijan precios directos al carbono son aquellos que aplican un precio explícito y proporcional a las emisiones reales de carbono, asegurando que cada tonelada de GEI emitida esté sujeta a un coste financiero específico. Su objetivo es modificar el comportamiento de los emisores al proporcionar incentivos económicos claros y directamente proporcionales a la cantidad de carbono emitida para reducir emisiones, ya sea adoptando tecnologías limpias, mejorando la eficiencia energética o modificando procesos productivos.

Se argumenta que estos instrumentos están dotados de una mayor precisión para la reducción de emisiones dado que su diseño contempla una vinculación explícita entre el coste impuesto y el volumen de emisiones generadas, expresado habitualmente en términos de una tarifa por tonelada de dióxido de carbono equivalente ($/tCO$_2$e). Así, estos instrumentos establecen un incentivo financiero proporcional, en virtud del cual los emisores están sujetos a un coste que se reduce directamente en función de la disminución de sus emisiones, lo que incentiva la adopción de prácticas y tecnologías que minimicen los impactos ambientales.

El ámbito de aplicación de este tipo de instrumentos suele centrarse en sectores y fuentes específicas donde las emisiones pueden cuantificarse con precisión, garantizando la efectividad y trazabilidad del instrumento. De esta forma, presentar potencial para asegurar su adecuada implementación y cumplimiento conforme a las exigencias regulatorias y los principios de proporcionalidad y eficiencia.

En este sentido, los principales instrumentos de fijación de precios directa al carbono se clasifican en dos categorías:

a) Los instrumentos de cumplimiento y b) Los mecanismos de acreditación de carbono.

b) Instrumentos de cumplimiento.

Dentro de la categoría de los instrumentos de cumplimiento incluiríamos instrumentos económicos y de mercado que son de carácter obligatorio para las entidades reguladas y, concretamente, a los sistemas de comercio de emisiones y a los impuestos al carbono. Las entidades sujetas a estos instrumentos quedan legalmente obligadas a pagar por las emisiones generadas por sus actividades e incluidas en el ámbito de aplicación del instrumento del que se trate.

El sistema de comercio de emisiones, como son los RCDE EU I y II, es un instrumento económico y jurídico que establece un mercado regulado para las emisiones de GEI basándose en los sistemas de *cap and trade*. En los sistemas de comercio el gobierno fija un límite máximo (*cap*) a las emisiones permitidas en un período determinado, distribuyendo o subastando permisos que habilitan a las entidades reguladas a emitir una cantidad específica de GEI. Las entidades deben adquirir derechos de emisión (permisos o cuotas) que pueden ser negociados en el mercado, generando un mercado donde la oferta y la demanda determinan el precio del carbono (*trade*).

---

52   *Vid.* WORLD BANK, *State and Trends of Carbon Pricing 2022…Óp. cit.*

Por tanto, con este mecanismo el precio del carbono surge de un mercado regulado donde las entidades compran y venden permisos de emisión. Cada permiso equivale al derecho de emitir una tonelada de CO_2 equivalente (tCO_2e), y las entidades deben cumplir con límites establecidos (*cap and trade*) o tasas relativas (*rate-based*)[53].

Este sistema incentiva la reducción de emisiones al permitir la compra y venta de permisos entre los operadores. Así, este sistema no introduce obligaciones individualizadas de reducción de emisiones, sino un régimen de fijación de precios al carbono, que permite a los sujetos sometidos al mismo decidir entre realizar invertir para reducir sus emisiones o acudir al mercado para adquirir derechos que cubran las emisiones producidas

El diseño normativo de los sistemas de comercio incluye disposiciones sobre la asignación de permisos (gratuita o mediante subastas), la regulación de los sectores cubiertos, las sanciones por incumplimiento y los mecanismos de supervisión y reporte. Así, por ejemplo, el RCDE I de la UE aplica un precio del carbono, principalmente, de las emisiones procedentes de instalaciones del sector de generación de energía y de industrias intensivas en energía, incentivando así a las empresas de estos sectores a reducir emisiones. En este caso el precio del carbono queda fijado por el mercado.

Por su parte, los impuestos al carbono imponen un precio fijo por cada tonelada de CO_2 emitida, proporcionando una señal económica clara para reducir las emisiones. El impuesto al carbono aplica un coste económico a las entidades reguladas en función de sus emisiones de GEI o del contenido de carbono de los combustibles que consumen. Este impuesto se basa en la aplicación de un tipo impositivo proporcional al daño ambiental que generan las emisiones, siguiendo el principio del coste marginal externo.

Los impuestos al carbono aplican un coste adicional fijo y uniforme a los sujetos pasivos por cada tonelada de dióxido de carbono equivalente (tCO_2e) emitida, calculado en función del contenido de carbono de los combustibles o directamente sobre las emisiones medidas. A diferencia de los sistemas de comercio de emisiones (ETS), donde el precio del carbono es determinado por las dinámicas del mercado, en los impuestos al carbono el precio es definido directamente por el gobierno, lo que garantiza una señal de precio estable y predecible para los emisores.

Desde una perspectiva jurídica, este instrumento tiene la ventaja de proporcionar certeza en el precio del carbono, lo que facilita la previsibilidad económica para los regulados. Sin embargo, su efectividad depende de factores como el nivel del tipo impositivo fijado impuesta y el uso de los ingresos generados. La normativa debe prever un diseño claro del hecho imponible, la base imponible y el sujeto pasivo, siguiendo criterios establecidos en la jurisprudencia del Tribunal de Justicia de la Unión Europea (TJUE) sobre impuestos ambientales.

Los primeros impuestos al CO_2 se implementaron algunos países nórdicos a principios de los años noventa, siento estos países europeos pioneros en la adopción de estos impuestos. Un ejemplo destacado es el impuesto al carbono adoptado por Suecia, que se introdujo en 1991 con un tipo impositivo inicial que ha ido aumentando progresivamente hasta ser uno de los más altos del mundo[54]. Parte de los ingresos obtenidos son destinados a la transición energética y a introducir reformas fiscales[55]. Este esquema ha sido reconocido como uno de los más eficaces y ambiciosos a nivel global.

---

53   Existen dos tipos principales de ETS: a) "Cap and trade": Establece un límite absoluto a las emisiones totales. Las entidades que emitan menos de su cuota pueden vender permisos excedentes, mientras que aquellas que superen el límite deben adquirir permisos adicionales o enfrentar sanciones legales. B) Basado en tasas: Impone límites relativos a la intensidad de emisiones por unidad de producción.

54   En el caso de Suecia, el impuesto al CO_2 se introdujo en 1991 y complementó el esquema de impuestos energéticos ya existente. La tasa del impuesto al CO_2 se fijó inicialmente en 27€ por tonelada de CO_2 y durante las últimas dos décadas, la tasa aumentó sustancialmente, alcanzando en 2012 los 118€ por tonelada de CO_2 en 2012. No obstante, se introdujeron medidas de mitigación de los costes y compensatorias para las empresas suecas en forma de exenciones transitorias de los impuestos energéticos. En 2011 se eliminó la exención a la imposición energética, salvo los hogares y el sector de los servicios, al tiempo que se eximían del impuesto sobre el CO2 a todas las industrias sujetas al RCDE UE.

55   *Vid.*, en este sentido, LARREA BASTERRA, M., FERNÁNDEZ GÓMEZ, J., & ÁLVARO HERMANA, R.: "La fiscalidad sobre el carbono. Una aproximación a los casos de Suecia, Irlanda y Francia". *ICADE. Revista De La Facultad De Derecho*, n. 108, 2020.

No obstante, estos impuestos al CO_2 se introdujeron de forma paralela y simultánea a los impuestos energéticos, que llevaban más de 70 años vigentes en países como Suecia y Finlandia[56]. Por lo tanto, parece fundamental no evaluar los esquemas de impuestos al CO_2 de forma aislada de los impuestos energéticos existentes y adoptados dentro del esquema de la Directiva 2003/96 sobre imposición energética, ya que ambos esquemas suelen estar estrechamente interrelacionados. Sin embargo, el diseño de estos dos esquemas impositivos debería diferir, ya que un impuesto al CO_2 teóricamente bien establecido debería fijarse en función del contenido de carbono del producto energético, mientras que el impuesto energético debería basarse en el contenido energético del combustible.

No obstante, como señala SPECK, la realidad política es bastante diferente, ya que los impuestos energéticos suelen basarse en la cantidad de energía consumida; es decir, las tasas impositivas se establecen en unidades como euros por litro o tonelada. Sin embargo, la diferenciación teórica entre los impuestos al CO_2 y los impuestos energéticos pierde importancia al evaluar la carga fiscal real sobre los diferentes productos energéticos que pagan los consumidores (es decir, el impuesto total que deben pagar los consumidores de energía). Esto se debe a que los impuestos al CO_2 se convierten regularmente a las mismas unidades que los impuestos energéticos mediante coeficientes de emisión, de modo que las tasas impositivas reales al CO_2 también se expresan en euros por litro o tonelada[57].

b) Mecanismos de acreditación de carbono

Por último, los mecanismos de acreditación de carbono agrupan a instrumentos de carácter voluntario. Concretamente, los mecanismos de generación de créditos de carbono producen créditos comerciables que representan 1 tCO_2 evitada o removida y se obtienen mediante actividades voluntarias de reducción de emisiones[58]. Los participantes en estos sistemas pueden obtener créditos de carbono en reconocimiento de reducciones o eliminaciones de emisiones que hayan sido cuantificadas y verificadas de manera independiente al implementar proyectos de carácter medioambiental. Estos créditos pueden ser utilizados por las empresas para cumplir con obligaciones regulatorias o para demostrar compromisos climáticos voluntarios. Asimismo, estos créditos pueden comercializarse en mercados regulados o voluntarios, generando ingresos para las actividades que los

---

56   Finlandia fue el primer país de Europa en introducir un impuesto al CO_2 basado únicamente en el contenido de carbono de los combustibles fósiles, en enero de 1990. Durante la década de los 90, el esquema de impuestos al CO_2 fue modificado varias veces. El esquema general de impuestos sobre la energía y el carbono se revisó a principios de 2011, dividiendo la carga fiscal total entre un impuesto energético y un componente de impuesto al CO2. Además, el componente del impuesto al CO_2 se estableció tipos impositivos diferenciados para los productos energéticos utilizados para calefacción (30€ por tonelada de CO_2) y transporte (50€ por tonelada de CO_2 en 2011 y 60€ en 2012). En un principio, los ingresos adicionales generados por el impuesto al CO2 formaban parte del presupuesto general, sin embargo, a finales de los años noventa, el Gobierno finlandés implementó una Reforma Fiscal Ambiental, utilizando estos ingresos del impuesto al CO_2 para una reducción de la presión fiscal en el impuesto sobre la renta. Noruega introdujo un esquema de impuestos al CO_2 que, a diferencia del sueco, no fijaba un tipo impositivo uniforme, sino que variaba en función del producto energético (i.e. el tipo impositivo en 2012 para el fuelóleo era de 13,7€ por tonelada de CO_2 mientras que gas natural y fuelóleo ligero estaba gravado a 30,5€ y la gasolina a 52,1€. Otros GEI, como los HFC y los perfluorocarbonos, también están sujetos a un impuesto sobre emisiones en Noruega, con un tipo impositivo equivalente al fuelóleo ligero. En 1992, Dinamarca introdujo un impuesto al CO_2 aplicado a todos los combustibles fósiles, así como a la electricidad. La introducción del impuesto al CO_2 (13€ por tonelada de CO_2) estuvo acompañada de medidas de mitigación y compensación para la industria en forma de una bonificación del 50%. Desde 1995, no obstante, las empresas han pagado impuestos al CO_2 dependiendo del proceso en que se utilice la energía; es decir, la energía utilizada para calefacción está sujeta al tipo impositivo máximo del impuesto al CO_2, mientras que la energía utilizada para procesos ligeros o pesados, categorizados en una lista de procesos intensivos en energía, eran elegible para aplicarse tipos impositivos reducidos. Los ingresos del impuesto al CO_2 se utilizaron de manera similar a otros países escandinavos durante los años noventa, principalmente en el marco de reformas fiscales ambientales para compensar la reducción de los impuestos al trabajo.

57   SPECK, S., "Carbon taxation: two decades of experience and future prospects", Carbon Management, N 4 (2), pp. 171-183.

58   Los mecanismos de generación de créditos de carbono están regulados por estándares internacionales y por entidades especializadas que establecen criterios de calidad y transparencia. Entre estos estándares se incluyen, por ejemplo, el Mecanismo de Desarrollo Limpio (MDL) del Protocolo de Kioto o sistemas administrados por organizaciones como Verra y Gold Standard, que garantizan la integridad de los proyectos y la credibilidad de los créditos generados. En términos de clasificación, los mecanismos de generación de créditos de carbono se dividen en tres categorías principales: a) Mecanismos internacionales: Son administrados por organizaciones internacionales y están vinculados a acuerdos multilaterales, como el Protocolo de Kioto (incluyendo el Mecanismo de Desarrollo Limpio) y el Acuerdo de París, que establece el marco para los créditos de carbono bajo sus disposiciones de cooperación internacional. b) Mecanismos independientes: Estos son gestionados por organizaciones no gubernamentales que desarrollan estándares voluntarios para proyectos de compensación de carbono. Ejemplos destacados incluyen Verra y Gold Standard, que operan a nivel global y han sido reconocidos por su rigor en la certificación de proyectos y la transparencia de los créditos generados. c) Mecanismos gubernamentales: Son administrados por uno o más gobiernos nacionales o regionales y suelen formar parte de marcos regulatorios específicos. Ejemplos notables incluyen el Programa de Compensación de California y el Esquema de Créditos de Carbono de Australia (ACCU), que regulan proyectos de reducción de emisiones y compensación dentro de sus respectivas jurisdicciones.

producen.[59].Los mecanismos de acreditación también desempeñan un papel crucial en la inclusión de sectores no regulados, como la agricultura o la silvicultura, en los esfuerzos de mitigación global, permitiendo que estas actividades contribuyan al logro de los objetivos climáticos.

La coexistencia de instrumentos de cumplimiento y mecanismos de acreditación de carbono podrían proporcionar una estructura flexible y diversa para abordar el desafío de las emisiones globales de GEI. Mientras que los instrumentos de cumplimiento garantizan que las actividades reguladas internalicen los costes de las emisiones, se argumenta que los mecanismos de acreditación permiten una mayor participación y contribución de sectores no regulados.

4.1.2. Instrumentos de fijación de precios indirectos al carbono

La fijación de precios indirecta del carbono se refiere a instrumentos que modifican el precio de los productos asociados con emisiones de carbono de maneras que no están directamente relacionadas con las emisiones relativas asociadas con esos productos. Estos instrumentos proporcionan una señal de precios del carbono, aunque a menudo se adoptan principalmente con otros objetivos socioeconómicos, como recaudar ingresos o abordar la contaminación del aire.

Lo anterior implica que los instrumentos indirectos no gravan directamente las emisiones de GEI, sino que modifican los precios de bienes o servicios asociados con emisiones de carbono, incentivando cambios en el comportamiento de los consumidores y productores. Aunque no asignan un precio explícito por tCO_2e, generan señales de precio que afectan el coste relativo de los bienes intensivos en carbono frente a alternativas más sostenibles.

De igual forma, los instrumentos indirectos de fijación de precios del carbono se caracterizan por su diseño y enfoque diferenciado en relación con las emisiones de gases de efecto invernadero (GEI). Como hemos señalado, una de sus principales características es la vinculación implícita del precio, ya que este no se basa directamente en las emisiones de GEI, sino en bienes, servicios o procesos relacionados con actividades emisoras. Así, estos instrumentos no aplican un precio explícito a las emisiones de GEI, pero alteran los costes de bienes o servicios asociados con dichas emisiones, incentivando comportamientos más sostenibles.

El impacto de estos instrumentos tiende a ser difuso, dado que los incentivos financieros generados no son tan precisos ni proporcionales como en los instrumentos directos. Las señales de precio dependen en gran medida de cómo los emisores y consumidores ajusten su comportamiento en respuesta a los costes impuestos, lo que puede diluir su efectividad inmediata para reducir emisiones.

Además, los objetivos principales de estos instrumentos suelen ser secundarios respecto a la reducción de emisiones, ya que frecuentemente buscan alcanzar metas complementarias. Entre ellas, se incluyen la recaudación de ingresos públicos o la promoción de objetivos socioeconómicos específicos (ej., mejora de la infraestructura de transporte público).

Por otro lado, estos instrumentos tienen una cobertura más amplia, ya que pueden aplicarse a sectores donde las emisiones directas son difíciles de medir con precisión. Por tanto, pueden ser efectivos en sectores donde las emisiones son más difíciles de medir directamente o donde los objetivos políticos incluyen beneficios adicionales, como la mejora de la calidad del aire o la recaudación de ingresos fiscales. Ejemplos claros de esto son los sectores del transporte o la agricultura, donde los costes asociados a las emisiones son más complejos de cuantificar directamente.

Entre los instrumentos indirectos de fijación de precios al carbono podemos enumerar

a) Impuestos sobre combustibles y productos energéticos: Gravan combustibles fósiles (ej., gasolina, diésel o carbón) en función de su volumen o contenido energético. Esto genera un precio sobre las emisiones de carbono resultantes de la combustión de estos combustibles. Sin embargo, el precio no se determina en proporción a las

---

59   Los créditos pueden clasificarse en: a) Evitación de emisiones. Proyectos como la captura de metano en vertederos o la sustitución de combustibles fósiles por renovables. b) Remoción de emisiones: Actividades como la reforestación o el secuestro de carbono en suelos agrícolas.

emisiones relativas resultantes de dicha combustión y, por tanto, no se basan directamente en el contenido de carbono o en las emisiones resultantes. Por tanto, la señal de precios que se emite a través de estos instrumentos no está relacionada directamente con el contenido exacto de carbono emitido.

Ejemplos de estos instrumentos podrían ser son los impuestos especiales sobre productos energéticos e hidrocarburos que puedan adoptarse en la UE en el contexto de la Directiva 2003/96.

b) Eliminación de subsidios a combustibles fósiles: Al eliminar subsidios, se incrementa el precio de los combustibles fósiles, lo que desincentiva su consumo y reduce las emisiones asociadas. Por tanto, se genera una señal de precio indirecta negativa que reduce el consumo y las emisiones asociadas a determinados productos contaminantes.

En este sentido, países como India han reformado gradualmente sus subsidios al diésel, promoviendo un uso más eficiente de los recursos energéticos.

c) Normas regulatorias y estándares: Aunque no son instrumentos fiscales, las regulaciones como los estándares de eficiencia energética o las normas de emisiones para vehículos pueden modificar indirectamente el coste de tecnologías o productos intensivos en carbono. Estas regulaciones generan costes adicionales para tecnologías contaminantes, incentivando alternativas más sostenibles.

d) Impuestos generales sobre productos: Gravan bienes intensivos en carbono, como vehículos con altas emisiones. Por ejemplo, los impuestos de matriculación basados en las emisiones de CO_2 son comunes en países de la UE, fomentando la compra de vehículos más eficientes.

4.2. Principales Diferencias entre instrumentos directos e indirectos

Como se ha podido ir deduciendo de lo expuesto en los apartados anteriores, los instrumentos destinados a fijar directos e indirectos, presentan diferencias significativas en su diseño, implementación y objetivos que, afectos de conclusión, podrían sintetizarse en las siguientes:

a) Desde el punto de vista de la fijación del precio, los instrumentos de fijación directa de precios se caracterizan por establecer un precio explícito por cada tonelada de dióxido de carbono equivalente (tCO_2e), mientras que los instrumentos indirectos aplican un precio implícito vinculado al consumo de bienes y servicios relacionados con actividades emisoras.

b) En cuanto a la relación con las emisiones, los instrumentos directos presentan una conexión directa y proporcional a las emisiones medidas, garantizando que los costes sean congruentes con la cantidad de emisiones generadas. Por el contrario, los instrumentos indirectos mantienen una relación indirecta, generalmente basada en el consumo de combustibles o bienes que contribuyen, de manera más difusa, a las emisiones de gases de efecto invernadero.

c) El objetivo principal de los instrumentos directos es la reducción explícita de emisiones, lograda mediante un control riguroso y medible del impacto ambiental. En cambio, los instrumentos indirectos buscan generar cambios en el comportamiento del mercado, incentivando modificaciones en los patrones de consumo o producción de bienes y servicios vinculados al uso de recursos y a las emisiones.

d) Respecto a la cobertura sectorial, los instrumentos directos suelen aplicarse a fuentes reguladas donde las emisiones pueden ser cuantificadas con precisión, como sucede en sectores industriales o energéticos sujetos a normas específicas. Por su parte, los instrumentos indirectos abarcan sectores más amplios, incluyendo fuentes difusas, como el transporte o la agricultura, donde la medición directa de las emisiones resulta más compleja.

No obstante lo anterior, en la práctica, la realidad es que todos estos instrumentos actualmente en operación varían en función de los sectores, combustibles, actividades y/o gases a los que se aplican. Como resultado, la distinción entre precios directos e indirectos del carbono es menos evidente en la práctica, y las políticas de fijación de precios al carbono se ubican en un espectro que va de lo directo a lo indirecto.

4.3. Implementación de instrumentos de fijación de precio al carbono: desafíos y obstáculos

El precio al carbono es una herramienta eficaz para internalizar los costos de las emisiones de GEI y alinear las actividades económicas con los objetivos climáticos globales. Sin embargo, su efectividad depende de un diseño cuidadoso y de la voluntad política para superar las barreras económicas y sociales que puedan surgir durante su implementación.

En este sentido, la cobertura sectorial y los puntos de regulación de los instrumentos de cumplimiento en la fijación de precios al carbono son elementos críticos que determinan la efectividad y equidad de estas políticas. Al abordar sectores específicos y ajustar los puntos de regulación, los gobiernos pueden diseñar instrumentos que respondan a las características de sus economías y maximicen las reducciones de emisiones de GEI de manera eficiente.

Los instrumentos de cumplimiento en la fijación de precios al carbono están diseñados para abarcar una amplia gama de sectores económicos, dependiendo del alcance y diseño del instrumento. Cada sector emite gases de efecto invernadero (GEI) a través de diferentes procesos y actividades, los cuales pueden ser regulados mediante mecanismos como sistemas de comercio de emisiones (ETS) o impuestos al carbono. En este sentido, los sectores incluidos en los regímenes de cumplimiento suelen abarcar industrias intensivas en energía, como la generación de electricidad, la manufactura y el transporte[60]. Históricamente, las políticas de precios al carbono han estado centradas en los sectores de energía e industria, que representan una proporción significativa de las emisiones globales de gases de efecto invernadero. Sin embargo, los gobiernos están incrementando los esfuerzos para extender estas políticas a áreas previamente no reguladas, como el transporte, el transporte marítimo o la gestión de residuos. Este enfoque responde a la necesidad de abordar fuentes de emisiones que, aunque menos visibles, son esenciales para cumplir con los objetivos climáticos.

A su vez, la imposición de obligaciones de cumplimiento en los instrumentos de fijación de precios al carbono puede realizarse en diferentes puntos de la cadena de suministro o en relación con las fuentes específicas de emisión. Estas categorías determinan el lugar en el cual las entidades reguladas deben cumplir con sus obligaciones. Concretamente, los puntos de regulación pueden ubicarse en distintas fases de la cadena de suministro:

- **Corriente ascendente (*upstream*).** La obligación recae sobre productores o importadores de combustibles. Las obligaciones de cumplimiento se imponen en un punto de la cadena de suministro anterior a la fuente puntual donde los GEI entran a la atmósfera. Por ejemplo, en el caso de emisiones por combustión de combustibles, la regulación podría aplicarse al punto donde los combustibles son comercializados por extractores, refinadores o importadores, o en el momento de su venta al consumidor final.

- **Fuente puntual (*point source*). Supone la a**plicación a instalaciones específicas que emiten GEI. La regulación en el punto de emisión se enfoca en las instalaciones donde los GEI son liberados físicamente a la atmósfera, como una planta que quema combustibles. Las obligaciones de cumplimiento recaen directamente sobre las entidades responsables de liberar las emisiones reguladas.

---

60 Los principales sectores que suelen estar incluidos en estos instrumentos son: a) Electricidad y calor. Incluye las emisiones resultantes de la combustión de combustibles en instalaciones dedicadas principalmente a la generación de electricidad o calor para usos compartidos. b) Industria. Cubre las emisiones producidas por instalaciones industriales, como las relacionadas con la fabricación, la producción de metales y la fabricación de fertilizantes. Este sector abarca tanto las emisiones derivadas del uso de combustibles para generar energía en dichas instalaciones, como las generadas por procesos industriales específicos. c) Minería y actividades extractivas. Incluye las emisiones de minas, plataformas de perforación y procesos de transformación de combustibles. Estas emisiones comprenden tanto las generadas por el uso de energía en estas instalaciones como las emisiones fugitivas, es decir, aquellas que escapan al medio ambiente durante las operaciones. d) Transporte. Cubre las emisiones resultantes de la combustión de combustibles para mover personas o bienes por medios como carreteras y ferrocarriles, excluyendo las emisiones del sector de la aviación. e) Aviación. Incluye las emisiones generadas por la combustión de combustibles en el sector de la aviación. f) Edificaciones. Cubre las emisiones resultantes de la combustión de combustibles utilizados para generar energía en edificios residenciales, comerciales y del sector público. g) Agricultura, silvicultura y pesca (uso de combustibles). Incluye las emisiones generadas por la combustión de combustibles utilizados para generar energía en actividades de agricultura, silvicultura y pesca. h) Emisiones agrícolas Incluye las emisiones generadas por procesos agrícolas, como el manejo del ganado y el uso de fertilizantes. No incluye las emisiones derivadas del uso de combustibles ni las asociadas al cambio de uso de suelo y silvicultura. i) Residuos. Cubre las emisiones generadas por instalaciones de gestión de residuos, como las provenientes de la incineración de desechos o la liberación de metano y dióxido de carbono en los vertederos. Excluye las emisiones derivadas del uso de combustibles. j) Uso de suelo, cambio de uso de suelo y silvicultura (LULUCF, por sus siglas en inglés). Incluye las emisiones (o absorciones) que resultan de cambios en los sumideros de carbono en plantas y suelos.

– **Corriente descendente** (*downstream*). La regulación se centra en los usuarios finales, como los consumidores de electricidad. Las obligaciones de cumplimiento se aplican en un punto posterior a la fuente puntual en la cadena de suministro. Por ejemplo, las entidades pueden ser responsables de las emisiones asociadas a la electricidad que utilizan. En este caso, estas entidades se encuentran en un nivel descendente respecto a la fuente puntual de emisiones, como una planta de energía.

De igual forma, hay que tener presente que, a pesar de sus potenciales beneficios teóricos y prácticos, la aplicación de políticas e instrumentos de internalización de los costes medioambientales enfrenta significativos desafíos políticos, económicos y jurídicos tanto de carácter práctico como conceptual.

En primer lugar, la cobertura de los mecanismos de fijación de precios, como los mercados de carbono y los impuestos sobre el carbono, sigue siendo limitada tanto en alcance como en sectores incluidos. No obstante, como veremos posteriormente, esta tendencia está empezando a cambiar el caso de la UE, por ejemplo, con la aplicación de un RCDE específico para el caso del transporte y la edificación.

En segundo lugar, por la dificultad que presenta la propia medición y cuantificación de los costes ambientales y la fijación de un nivel precios adecuado. En este sentido, se constatan niveles insuficientes de precios y cobertura limitada de las emisiones. Así, el precio explícito del carbono en la economía global es actualmente bajo.

Concretamente, se argumenta que, si bien los instrumentos de fijación de precios al carbono cubren aproximadamente el 24% de las emisiones globales, los precios actuales siguen siendo insuficientes para cumplir con los objetivos del Acuerdo de París. Según estimaciones recientes los precios actuales son insuficientes para alcanzar los objetivos del Acuerdo de París, con un promedio global de 2 USD/tCO_2e. Este valor está muy por debajo de lo necesario para reflejar adecuadamente el costo social del carbono o para cumplir con los objetivos climáticos establecidos, como los definidos en el Acuerdo de París. En este sentido, en 2017, la Comisión de Alto Nivel sobre Precios al Carbono concluyó que los precios del carbono debían situarse entre 40-80 USD/tonelada de dióxido de carbono equivalente (tCO_2e) en 2020 y alcanzar entre 50-100 USD/tCO_2e para 2030, a fin de estar en camino de limitar el aumento de la temperatura a muy por debajo de 2 ºC[61]. En 2024, solo siete instrumentos de fijación de precios al carbono, que cubren menos del 1 % de las emisiones globales de GEI, alcanzaron niveles de precios iguales o superiores al nivel mínimo ajustado por inflación de 63 USD por tCO_2e (en dólares de 2024). Además, todos los precios del carbono existentes están por debajo del límite inferior de precios establecido por el Panel Intergubernamental sobre Cambio Climático (IPCC, por sus siglas en inglés): el IPCC estima que el costo marginal de abatimiento necesario para limitar el calentamiento a 1,5 °C es de 170 a 290 USD por tCO_2e (226 a 385 en términos de dólares de 2024)[62]. Si bien la cobertura mediante impuestos al carbono y sistemas de comercio de emisiones ha ido aumentando de manera continua y se están desarrollando nuevas iniciativas, la mayoría de estos instrumentos de fijación de precios al carbono no son lo suficientemente ambiciosos como para impulsar el nivel de cambio requerido para cumplir con los objetivos de temperatura del Acuerdo de París.

No obstante, se espera que los precios del carbono en múltiples sistemas de comercio de emisiones a nivel mundial aumenten durante el período de 2026 a 2030, en comparación con el período de 2022 a 2026. Según una encuesta realizada entre los miembros de la Asociación Internacional de Comercio de Emisiones (*International Emissions Trading Association*), el precio promedio del carbono en el Sistema de Comercio de Emisiones de la UE (RCDE UE) se espera que sea de 84,4 euros por tonelada métrica de CO_2 durante el período de 2022 a 2025, pero se proyecta que aumente a casi 100 euros por tonelada métrica de CO_2 durante el período de 2026 a 2030[63].

Un tercer desafío crítico está relacionado con el propio carácter transfronterizo de las emisiones y, consecuentemente, de las externalidades negativas derivadas de estas. En este sentido, hay que tener presente que, en muchos casos, el daño ambiental afecta a múltiples países, como sucede con el cambio climático, la contaminación de océanos

---

61   STIGLITZ, J. E. y STERN, N.(et al.),*Report of the High-Level Commission on Carbon Prices*, High-Level Commission on Carbon Prices, International Bank for Reconstruction and Development and International Development Association/The World Bank, 2017, https://doi.org/10.7916/d8-w2nc-4103

62   WORLD BANK., *State and Trends of Carbon Pricing 2024...Óp. cit.*

63   En este sentido, el precio del carbono en el RCDE UE superó la barrera de los 90 euros por tonelada métrica de CO_2 en febrero de 2022, y en febrero de 2023 ya había superado los 100 euros por tonelada métrica de CO_2 *Vid.* ETS carbon price expectations by system 2022-2030 | Statista

o ríos internacionales. Esto dificulta la implementación de medidas coherentes y equitativas de internalización. Junto a los factores anteriores también habría que tener presente la falta de armonización internacional. En un mundo globalizado, la ausencia de normas y estándares ambientales armonizadas y comunes puede generar desequilibrios competitivos. Por ejemplo, las empresas de países con políticas de internalización estrictas pueden enfrentar desventajas frente a competidores de países con normativas más laxas.

Relacionado con la cuestión anterior encontramos un cuarto desafío relativo con la fuga de carbono y la competitividad. La fuga de carbono se produce cuando las empresas trasladan sus operaciones a jurisdicciones con menores restricciones climáticas. Este fenómeno no solo reduce la efectividad global de las políticas climáticas, sino que también genera preocupaciones de competitividad para las empresas sujetas a regulaciones estrictas. Para abordar este problema, la UE ha desarrollado instrumentos como el Mecanismo de Ajuste en Frontera por Carbono (MAFC), que impone un cargo a las importaciones basado en su contenido de carbono. Este mecanismo busca nivelar el campo de juego entre las empresas locales y extranjeras, al tiempo que incentiva una transición global hacia prácticas más sostenibles.

Junto a los efectos negativos que pudieran tener estos instrumentos sobre la competitividad habría que tener presente, en quinto lugar, los costes políticos y sociales asociados a los instrumentos económicos de fijación de precios al carbono, especialmente, por los efectos negativos que puede tener en la competitividad de las empresas o en los hogares. En este sentido, hay que tener presente que la inclusión de los costes ambientales en los precios de mercado puede aumentar el precio de bienes y servicios, afectando a consumidores y empresas. Esto requiere medidas complementarias, como subvenciones y medidas de mitigación de los costes para sectores vulnerables o políticas redistributivas, para garantizar la aceptación social.

Teniendo en cuenta estas posibles barreras, en 2017 la **Comisión Stern/Stiglitz sobre los Precios del Carbono** proporcionó lineamientos clave sobre cómo diseñar políticas de precios al carbono efectivas y políticamente viables. Algunas de sus recomendaciones destacadas incluyen[64]:

1. **Incrementar los precios del carbono de forma progresiva**: Establecer precios iniciales que sean políticamente aceptables y aumentarlos gradualmente para alcanzar niveles consistentes con el costo social del carbono o las metas climáticas.

2. **Diseño de políticas complementarias**: Incorporar medidas que mitiguen los impactos distributivos del precio al carbono, como el uso de los ingresos generados para apoyar a las comunidades más vulnerables. En este sentido hay que tener presente que los ingresos globales provenientes de la fijación del precio del carbono alcanzaron la cifra récord de USD 100 000 millones en 2023, destinándose más de la mitad de los ingresos recaudados al financiamiento de programas relacionados con el clima y la naturaleza[65]. Concretamente, los sistemas de comercio representan la mayor parte de estos ingresos, de los cuales más de la mitad se destinó a programas relacionados con el clima y la biodiversidad. Sin embargo, la contribución de los ingresos por precios al carbono a los presupuestos nacionales sigue siendo limitada, lo que podría evidenciar la necesidad de una integración fiscal más amplia.

3. **Marco internacional coordinado**: Fomentar la cooperación entre países para evitar problemas como la fuga de carbono (*carbon leakage*) y para asegurar que los precios del carbono sean efectivos a nivel global. En este sentido, hay que tener presente que para desbloquear completamente el potencial del precio al carbono, será

---

64   STIGLITZ, J. E. y STERN, N.(et al.), *Report of the High-Level Commission on Carbon Prices…Óp. cit.*

65   La subasta de derechos de emisión vinculados al RCDE UE I proporciona actualmente ingresos a los EEMM a través de las subastas procedentes de los derechos de emisión -los EEMM recaudaron 30.000 millones de euros entre enero de 2021 y febrero2022. Estos ingresos, con arreglo a la Directiva RCDE UE, deben destinarse, al menos en un 50%, a fines relacionados con el clima. La Comisión presentó en su momento una propuesta que preveía la creación de un recurso propio basado en la aplicación de un porcentaje en concepto de contribución –no superior al 30%- de los ingresos procedentes de la subasta como nuevo recurso propia de la UE. Según esta propuesta, la UE obtendría unos ingresos de entre 1200-3000 millones EUR en función del precio del derecho en la subasta. Sin embargo, el Tribunal de Cuentas cuestionó la viabilidad de este recurso por su inestabilidad, dada la alta volatilidad de los precios de las subastas, y, además, porque no creaba un incentivo adicional para que los Estados miembros reduzcan sus emisiones de gases de efecto invernadero. *Vid.* COMISIÓN EUROPEA: *Comunicación de la Comisión al Parlamento Europeo y al Consejo. Plan de acción para una fiscalidad equitativa y sencilla que apoye la Estratégica de recuperación,* COM (2020) 312 final, Comisión Europea, Bruselas y COMISIÓN EUROPEA: *Propuesta modificada de Decisión del Consejo sobre el sistema de recursos propios de la Unión Europea,* COM (2020) 445 final, omisión Europea, Bruselas.

esencial establecer niveles de precios más altos, ampliar la cobertura y mejorar la integración en los marcos globales. Eso no será posible si los países no actúan de manera decisiva y colaborativa, aprovechando los beneficios del precio al carbono para mitigar las emisiones mientras fomentan la innovación y el crecimiento económico sostenible.

En este contexto, los desarrollos recientes, como el MFAC y el creciente uso de instrumentos híbridos, ofrecen una hoja de ruta prometedora hacia una transición global hacia una economía baja en carbono.

En definitiva, la fijación de precios al carbono es una herramienta normativa esencial para la mitigación del cambio climático. Su éxito depende de un diseño jurídico adecuado que integre los principios de eficiencia, eficacia, equidad y transparencia. Además, la cooperación internacional y el fortalecimiento y coordinación de marcos regulatorios nacionales y supranacionales son indispensables para superar los desafíos actuales y alcanzar metas climáticas ambiciosas.

5. Una revisión del estado actual de los instrumentos jurídicos y económicos para la tarificación del carbono en la UE

En este contexto, el Consejo Europeo, en sus conclusiones de los días 8 y 9 de marzo de 2007 y de los días 23 y 24 de octubre de 2014, refrendó los objetivos de la Unión en materia de reducción de emisiones, estableciendo un marco regulador orientado a cumplir dichos compromisos, tanto para 2020 como para el marco de las políticas de clima y energía de 2030. Este marco regulador fue concebido con el propósito de abordar de manera integral los desafíos climáticos, integrando las prioridades definidas por la Unión antes de la entrada en vigor del Acuerdo de París.

Concretamente, para garantizar el cumplimiento de los objetivos de reducción de emisiones para 2030 se adoptaron diversos actos legislativos, entre los cuales destacan la Directiva 2003/87/CE, que establece el Régimen de Comercio de Derechos de Emisión de la Unión Europea (RCDE UE I)[66]; el Reglamento (UE) 2018/842, que introduce objetivos nacionales vinculantes de reducción de emisiones de gases de efecto invernadero para los Estados miembros[67]; y el Reglamento (UE) 2018/841, que exige a los Estados miembros garantizar un equilibrio entre las emisiones y las absorciones de gases de efecto invernadero derivadas del uso de la tierra, el cambio de uso de la tierra y la silvicultura (LULUCF)[68].

El RCDE UE se ha erigido en una piedra angular de la política climática de la Unión y, como se señala en el Reglamento (UE) 2021/1119, constituye su instrumento clave para reducir las emisiones de gases de efecto invernadero de manera eficiente en términos de costes. No obstante, en el caso de la UE, diversos estudios elaborados por la Comisión Europea señalaron que existía un margen considerable para aplicar el principio de "quien contamina, paga" de forma más rigurosa y efectiva. Estos estudios ya defendían que esta aplicación reforzada podría lograrse a

---

66   Directiva 2003/87/CE del Parlamento Europeo y del Consejo, de 13 de octubre de 2003, por la que se establece un régimen para el comercio de derechos de emisión de gases de efecto invernadero en la Unión y por la que se modifica la Directiva 96/61/CE del Consejo (DO L 275 de 25.10.2003, p. 32).

67   Reglamento (UE) 2018/842 del Parlamento Europeo y del Consejo, de 30 de mayo de 2018, sobre reducciones anuales vinculantes de las emisiones de gases de efecto invernadero por parte de los Estados miembros entre 2021 y 2030 que contribuyan a la acción por el clima, con objeto de cumplir los compromisos contraídos en el marco del Acuerdo de París, y por el que se modifica el Reglamento (UE) n. 525/2013 (DO L 156 de 19.6.2018, p. 26).

68   Reglamento (UE) 2018/841 del Parlamento Europeo y del Consejo, de 30 de mayo de 2018, sobre la inclusión de las emisiones y absorciones de gases de efecto invernadero resultantes del uso de la tierra, el cambio de uso de la tierra y la silvicultura en el marco de actuación en materia de clima y energía hasta 2030, y por el que se modifican el Reglamento (UE) n. 525/2013 y la Decisión n. 529/2013/UE (DO L 156 de 19.6.2018, p. n1).

través de una ampliación de los impuestos ambientales y la implementación más exhaustiva de otros instrumentos económicos, como los sistemas de comercio de derechos de emisión vigentes.

La justificación de estos estudios radica en que los costes reales de la contaminación y del daño ambiental superan con creces los ingresos generados hasta ahora por los impuestos ambientales y otros mecanismos diseñados para combatir las actividades contaminantes. Es decir, existe una brecha significativa entre los costes que la sociedad soporta por los impactos negativos en el medio ambiente y lo que realmente pagan los agentes contaminantes a través de las políticas económicas actuales[69].

En esta misma línea, el Tribunal de Cuentas Europeo advirtió que la UE había desaprovechado numerosas oportunidades para garantizar una aplicación más estricta y coherente del principio de "quien contamina, paga". Según el Tribunal, la falta de aplicación rigurosa no solo limita la capacidad de la UE para recaudar ingresos adicionales, sino que también debilita los incentivos económicos necesarios para que las empresas y otros actores adopten prácticas más sostenibles y respetuosas con el medio ambiente[70].

Por tanto, tanto la Comisión Europea como el Tribunal de Cuentas Europeo coinciden en la necesidad de fortalecer los instrumentos económicos y fiscales existentes, ampliar su alcance y cerrar las lagunas normativas que permiten a algunos contaminadores evadir parcialmente los costes derivados del daño ambiental que generan. De acuerdo con las instituciones de la UE, la apuesta anterior podría traducirse en una mayor eficiencia económica, al tiempo que se garantiza una mejor internalización de los costes ambientales, fomentando así una transición más justa y efectiva hacia un modelo económico sostenible en toda la región.

Uno de los sectores en los que el principio de "quien contamina, paga" no se estaba aplicando de forma efectiva era, precisamente, el sector del transporte. Como se señala en diversos informes y documentos, el transporte es una fuente significativa de externalidades negativas que deben ser "reconocidas y corregidas a través de la intervención pública"[71]. Entre estas externalidades se encuentran las causadas por los contaminantes atmosféricos –emisiones de gases de efecto invernadero y de otros contaminantes– pero también una amplia gama de impactos negativos adicionales, como los costes asociados al ruido, la congestión o los accidentes. Estos efectos, además de estar relacionados entre sí, demandan una estrategia correctora coordinada que integre objetivos e instrumentos comunes[72].

El transporte es un sector en el que existen numerosas alternativas regulatorias para controlar los problemas asociados, por ejemplo, mediante la implementación de políticas tecnológicas orientadas a la mejora de la eficiencia energética o a la reducción de emisiones. Sin embargo, ya hemos señalado que se considera que es un ámbito en el que las medidas tributarias y otros sistemas de tarificación del precio de la contaminación pueden desempeñar un papel fundamental[73]. Estos instrumentos económicos no solo incentivan el cambio de comportamiento de los usuarios, sino que también fomentan la inversión en alternativas limpias y sostenibles.

---

69 Algunos estudios exponen que los costes externos de la contaminación del aire y los GEI ascienden a aproximadamente 720.000 millones de euros al año en toda la UE -alrededor del 5 % del PIB de la UE-, de los cuales solo el 44 % se internaliza en impuestos u instrumentos económicos en toda la economía. *Vid.* MOTTERSHEAD, D. (et. al.), *Green taxation and other economic instruments...Op. cit.*

70 TRIBUNAL DE CUENTAS EUROPEO, *Principio de "quien contamina paga"...Óp. cit.*

71 Junto las externalidades negativas de carácter medioambiental, el transporte también es fuente de costes de construcción y mantenimiento de infraestructuras que no son cubiertos por sus usuarios. A través de este principio se pretende utilizar instrumentos económicos en de prestaciones, en forma de prestaciones patrimoniales públicas tributarias y no tributarias, para hacer frente a las externalidades negativas no medioambientales que precisan corrección y la necesaria cobertura de costes infraestructurales. Dentro es estos instrumentos se encuadran, por ejemplo, los mecanismos tributarios para el pago por uso de determinadas infraestructuras viarias o los tributos sobre la congestión en determinadas ciudades. *Vid.* COMITÉ DE PERSONAS EXPERTAS, *Libro Blanco sobre la Reforma Tributaria*, Instituto de Estudios Fiscales, Madrid, 2022.

72 Estudios específicos -que abordaron las emisiones directas de CO_2 y contaminantes atmosféricos, las emisiones indirectas de CO_2 y contaminantes atmosféricos procedentes de la producción de energía, la contaminación atmosférica y el ruido excesivo y los daños en los hábitats- calcularon que el importe de los impuestos y tasas totales recaudados del sector del transporte en la Europa de los 27 ascienden a 340 000 millones EUR como mínimo. Según este estudio, los costes por los retrasos derivados de la congestión suponen un importe adicional de 228 000 millones EUR. Se estimó que los costes externos de los accidentes de tráfico alcanzaban los 250 000 millones EUR. Asimismo, en el estudio se calculó que los costes totales de infraestructura ascendían a 256 000 millones EUR. *Vid.* SCHROTEN, A. (et. al.). *Sustainable Transport Infrastructure Charging and Internalisation of Transport Externalities*, European Commission Directorate-General for Mobility and Transport, Bruselas, 2019.

73 COMITÉ DE PERSONAS EXPERTAS, *Libro Blanco sobre la Reforma Tributaria...Óp. cit.*

Al internalizar los costes externos asociados al transporte, se busca que sean las personas que utilizan el transporte, y no el conjunto de la sociedad, quienes asuman los costes reales de su impacto ambiental. Esta internalización actuaría como un incentivo económico al introducir una señal de precios que favorezca el uso de modos de transporte más sostenibles, con menores costes externos asociados, como el transporte público o los vehículos de bajas emisiones.

En general, la UE había llegado a la conclusión de que, pese a los compromisos políticos asumidos, las políticas de fijación de los precios en sectores como el transporte la edificación para internalizar sus costes externos no habían sido justa y eficiente. Y, por ejemplo, que había margen para aplicar con mayor efectividad los principios de "quien contamina paga" y de "el usuario paga" en todos los modos de transporte. Para ello, la Comisión Europea defendía la necesidad de aunar el comercio de emisiones, la tarificación de infraestructuras y los impuestos sobre la energía y los vehículos en una política coherente, complementaria y mutuamente compatible. En definitiva, la Comisión entendió que para que los instrumentos citados jugasen un papel efectivo de cara a la consecución de la neutralidad climática su diseño tenía que alinearse con los objetivos del *Pacto Verde* de forma que introdujesen de forma efectiva señales de precio adecuadas para favorecer cambios de conducta hacía alternativas menos contaminantes.

Precisamente, y como se ha señalado anteriormente, desde el punto de vista fiscal y medioambiental el paquete *Objetivo 55* pretendía la modificación u adopción de distintos instrumentos económicos con el fin de introducir definitivamente en la práctica el principio de que "quien contamina, paga" y gravar las fuentes de energía en consonancia con los objetivos climáticos y medioambientales. Estas propuestas se han concretado hasta ahora, fundamentalmente, en dos Directivas y un Reglamento:

– La Directiva (UE) 2023/958, en virtud de la cual los derechos de emisión gratuitos que recibe actualmente el sector de la aviación en el marco del RCDE EU se irán eliminando gradualmente y se aplicará la subasta completa a partir de 2026. El RCDE UE se aplicará a los vuelos intraeuropeos (incluidos aquellos cuyo destino sea el Reino Unido o Suiza). Por su parte, los vuelos extraeuropeos - origen y destino en terceros países- estarán sometidos entre 2022 y 2027 al plan CORSIA[74] cuando sean participantes del mismo.

– La Directiva (UE) 2023/959 por la que se incluye a las emisiones del transporte marítimo[75], en el ámbito de aplicación del RCDE UE y se establece un régimen para el comercio de derechos de emisión de GEI específico e independiente para los sectores del transporte por carretera, los edificios y la pequeña industria. El nuevo régimen de comercio se aplicará, concretamente, a los combustibles utilizados en los sectores de los edificios, el transporte por carretera y otros sectores que correspondan a las actividades industriales no incluidas en el anexo I de la Directiva 2003/87/CE, como la calefacción de instalaciones industriales.

– Reglamento (UE) 2023/956 del Parlamento Europeo y del Consejo del de 10 de mayo de 2023 por el que se establece un Mecanismo de Ajuste en Frontera por Carbono(MAFC). El MAFC complementa al RCDE UE al abordar el riesgo de fuga de carbono. Este riesgo surge cuando las empresas trasladan sus operaciones a países con regulaciones climáticas menos estrictas, minando los esfuerzos de reducción de emisiones dentro de la UE. Así, este mecanismo busca mitigar el riesgo de fuga de carbono derivado del aumento de la ambición climática de la Unión, garantizando que los productos importados enfrenten un coste por sus emisiones equivalente al aplicado a los productos europeos.

---

74   El Consejo de la Organización de Aviación Civil Internacional (OACI) adoptó en el Plan de Compensación y Reducción del Carbono para la Aviación Internacional (CORSIA, por sus siglas en inglés), por el que se establecen las normas y métodos recomendados internacionales sobre protección del medio ambiente.

75   La actividad de transporte marítimo internacional -viajes entre puertos bajo la jurisdicción de dos Estados miembros (EEMM) diferentes o entre un puerto bajo la jurisdicción de un Estado miembro (EM) y un puerto situado fuera de la jurisdicción de cualquier EM- constituía el único medio de transporte no incluido en los compromisos anteriores de la Unión de reducir las emisiones de gases de efecto invernadero. La ampliación del RCDE UE al transporte marítimo incluye la mitad de las emisiones procedentes de los buques que realicen viajes que lleguen a un puerto bajo la jurisdicción de un EM desde un puerto situado fuera de la jurisdicción de un Estado miembro, la mitad de las emisiones procedentes de los buques que realicen viajes que salgan de un puerto bajo la jurisdicción de un EM y que lleguen a un puerto situado fuera de la jurisdicción de un EM, todas las emisiones procedentes de los buques que realicen viajes con llegada a un puerto bajo jurisdicción de un EM desde un puerto bajo jurisdicción de un EM, y todas las emisiones en un puerto bajo jurisdicción de un EM.

Junto a las dos Directivas y el Reglamento citados, y ya aprobados, quedaría pendiente la necesidad de modificar el marco de la imposición energética de la UE para adecuarla a los nuevos objetivos. Sin embargo, todavía no se ha avanzado de forma suficiente en la modificación de la Directiva 2003/96[76] sobre Imposición Energética de la que únicamente existe una propuesta que, en cualquier caso, debería ser adoptada por la unanimidad del Consejo en virtud de los art. 113 y 192.2 del Tratado de Funcionamiento de la Unión Europea (TFUE) a diferencia de las Directivas citadas arriba que se han aprobado a través del procedimiento ordinario en virtud del art. 192.1 del TFUE.

Estas nuevas normas han extendido la aplicación de un instrumento de fijación del precio del carbono como es el Régimen de Comercio de Derechos de Emisión a sectores excluidos hasta ahora como el transporte por carretera, la edificación o el transporte marítimo. Esto significa, por un lado, que la subasta vinculada a estas emisiones aportará nuevos ingresos adicionales a las arcas de los Estados miembros y, por el otro, que se han introducido señales de precio que fomentarán cambios en el comportamiento de los consumidores y las empresas.

Es importante señalar que, hasta la aprobación del nuevo régimen de derechos de emisión para el sector del transporte, este había sido tradicionalmente considerado, con la excepción de la aviación, como parte de los "sectores difusos". Es decir, sectores que no estaban sujetos al principal instrumento económico de tarificación del carbono vigente en la Unión Europea hasta ese momento: el RCDE UE. Esta clasificación obedecía, en gran medida, a la dificultad para medir y controlar directamente las emisiones provenientes del transporte, lo que había impedido una aplicación efectiva de los instrumentos económicos de fijación de precios al carbono en este sector.

La aprobación del nuevo régimen, por tanto, representa un avance significativo para corregir esta situación, alineando al sector del transporte con las políticas climáticas y medioambientales europeas, y asegurando que los principios de responsabilidad ambiental y eficiencia económica guíen la gestión de sus impactos negativos.

5.1. La Reforma del RCDE y la Ampliación Sectorial: El Nuevo RCDE II

El Régimen de Comercio de Derechos de Emisión (RCDE) es el principal instrumento de la Unión Europea (UE) para reducir las emisiones de gases de efecto invernadero (GEI) mediante la asignación y comercio de permisos de emisión.

El RCDE I fue introducido en 2003 a través de la Directiva 2003/87/CE. El RCDE UE I es un sistema de permisos negociables basado en el principio de *cap and trade* explicado anteriormente. El RCDE UE se aplica en todos los Estados miembros de la UE, además de Islandia, Liechtenstein y Noruega y regula las emisiones de casi once mil plantas eléctricas e instalaciones de fabricación y alrededor de seiscientos operadores de aeronaves que vuelen desde y hacia los aeropuertos del Espacio Económico Europeo; abarca en torno al 38 % de las GEI de la UE.

De acuerdo con datos de la Agencia Europea de Medio Ambiente (AEMA), desde la introducción del RCDE I las emisiones en la UE se han reducido en un 37% entre 2005 y 2021 en los sectores cubiertos por este sistema hasta esa fecha: generación de electricidad y calor, instalaciones industriales con gran consumo de energía y aviación. El RCDE UE no cubría sectores relevantes como el transporte por carretera, la edificación o el transporte marítimo, los cuales no estaban sometidos a ningún sistema de fijación de precios al carbono a escala de la UE con independencia de las iniciativas adoptadas a nivel interno, fundamentalmente, en la forma de impuestos al carbono o sobre el CO_2.

El RCDE ha enfrentado críticas relacionadas con la volatilidad del precio del carbono y la asignación inicial de derechos gratuitos. En este sentido hay que tener en cuenta que el RCDE ha evolucionado significativamente desde su implementación inicial:

– Fase I (2005-2007): Periodo piloto centrado en sectores industriales como la generación de electricidad y calor.

– Fase II (2008-2012): Mayor cobertura y preparación para el cumplimiento de los objetivos del Protocolo de Kioto.

– Fase III (2013-2020): Introducción de subastas para la asignación de permisos y reducción lineal del límite de emisiones.

---

76   COM/2021/563 final, Comisión Europea, Bruselas, 2021.

– Fase IV (2021-2030): Ajuste más estricto de los límites de emisiones, eliminación gradual de derechos gratuitos y ampliación al transporte por carretera y edificios (RCDE II).

El RCDE UE constituye un instrumento esencial en el marco de la estrategia de la UE para la mitigación de las emisiones de GEI. Concretamente, con respecto al objetivo inicial de reducir las emisiones GEI en un 40% para el año 2030 en relación con los niveles de 1990, hay que tener presente que a través del RCDE UE se pretendía lograr una disminución del 43% de las emisiones incluidas en su ámbito de aplicación comparadas con los niveles del año 2005. No obstante, esta contribución se incrementa de manera significativa bajo el objetivo revisado del 55%, ya que la reducción que se pretende alcanzar a través del RCDE UE aumenta hasta el 61% en comparación con los niveles de 2005.

Cabe volver a recalcar, sin embargo, que el RCDE UE aprobado en 2003 (en adelante, RCDE I) no abarcaba sectores clave como el transporte por carretera o el transporte marítimo, los cuales no están sujetos a ninguna medida de fijación de precios de carbono a nivel de la UE, pese a las medidas internas adoptadas a nivel de los Estados miembros, predominantemente en forma de impuestos sobre el carbono o el dióxido de carbono o impuestos energéticos[77]. En caso concreto del transporte, inicialmente, y con excepción de la aviación, se catalogó como un sector difuso, es decir, un sector cuyas emisiones GEI no estaban incorporadas al ámbito de aplicación del RCDE I y, consecuentemente, cuya mitigación quedaban únicamente regidas formalmente por el Reglamento 2018/842 de Reparto de Esfuerzo (RRE). No obstante, los objetivos renovados de neutralidad climática de la UE requieren que todos los sectores logren un nivel superior de reducción de emisiones en comparación con las cifras actuales. En particular, el sector del transporte, que constituye la segunda mayor fuente de emisiones en la UE-27 y representa un cuarto de las emisiones totales de gases de efecto invernadero de la Unión, debe enfrentar un reto considerable. Para cumplir con el compromiso de neutralidad climática de la UE, es imprescindible alcanzar una reducción del 90% en las emisiones provenientes de sectores como el transporte para el año 2050. Para lograr este objetivo, se ha reputado como esencial que este sector contribuya significativamente a la reducción de emisiones GEI en todas sus modalidades: transporte por carretera, ferrocarril, aéreo y marítimo. Por otro lado, el sector de la edificación es responsable del 40% del consumo energético y del 36% de las emisiones directas e indirectas de emisiones GEI asociadas a la energía.

Teniendo en cuenta este contexto, y con el fin de avanzar en una mayor implementación del principio de "quien contamina, paga", la UE ha priorizado la concreción de las propuestas del paquete *Objetivo 55* relacionadas con estos sectores. Concretamente, con la adopción de dos Directivas, por un lado, la Directiva (UE) 2023/958, en virtud de la cual los derechos de emisión gratuitos que venía recibiendo el sector de la aviación en el marco del RCDE I se irán eliminando gradualmente y se aplicará la subasta completa a partir de 2026. Asimismo, El RCDE I se aplicará a los vuelos intraeuropeos (incluidos aquellos cuyo destino sea el Reino Unido o Suiza). Por su parte, los vuelos extraeuropeos —origen y destino en terceros países— estarán sometidos entre 2022 y 2027 al plan CORSIA cuando sean participantes del mismo. Y, por otro lado, con la adopción de la Directiva 2023/959, en virtud de la cual se incluye a las emisiones del transporte marítimo en el ámbito de aplicación del RCDE UE I al tiempo que se establece un nuevo régimen para el comercio de derechos de emisión de GEI específico e independiente para los sectores del transporte por carretera, los edificios y la pequeña industria (en adelante, RCDE II). El nuevo RCDE II se aplicará, concretamente, a los combustibles utilizados en los sectores de los edificios, el transporte por carretera y otros sectores que correspondan a las actividades industriales no incluidas en el anexo I de la Directiva 2003/87/CE, como la calefacción de instalaciones industriales.

El nuevo régimen de comercio de emisiones para el transporte y la edificación, regulado por la Directiva (UE) 2023/959, se basa en el principio de "límite y comercio"(*cap and trade*), similar al funcionamiento del RCDE UE. Este mecanismo implica la definición de un límite máximo de emisiones de gases de efecto invernadero (GEI), determinando la cantidad total de derechos de emisión que serán subastados. A partir de 2026, el límite máximo de emisiones se establecerá en función de los datos recogidos bajo el Reglamento de Reparto del Esfuerzo (RRE) y el nivel de ambición climática de la Unión Europea, con el objetivo de alcanzar una reducción del 43 % de las

---

77 *Vid.*, con respecto a esta cuestión, VILLAR EZCURRA, M (Edit.), *Environmental Tax Studies for the Ecological Transition. Comparative Analysis Addressing Urban Concentration and Increasing Transport Challenges,* Civitas, 2019.

emisiones en 2030 respecto a los niveles de 2005 para los sectores de edificios y transporte por carretera (artículo 30 quater y anexo III bis).

Por otro lado, el método de asignación de derechos de emisión en este nuevo régimen será exclusivamente la subasta, eliminándose cualquier forma de asignación gratuita. Esta decisión se fundamenta en la ausencia de riesgo de fuga de carbono en los sectores de edificios y transporte por carretera. Los ingresos obtenidos de las subastas de derechos de emisión se distribuirán entre los Estados Miembros (EEMM) en función de la distribución media de las emisiones del transporte por carretera, los edificios comerciales e institucionales y los edificios residenciales durante el período 2016-2018. La Directiva reconoce la importancia de las normas que fijen la distribución de las acciones de subasta de cara a los posibles ingresos procedentes de las subastas que recaerían sobre los EEMM, especialmente, porque estos ingresos adicionales tendrán que reforzar la capacidad de los EEMM para abordar las repercusiones sociales de una señal de precio del carbono en los sectores de los edificios y el transporte por carretera.

Ahora bien, como hemos señalado, el nuevo sistema de comercio de emisiones introducido por la Directiva 2023/959[78] se centra en los "sectores difusos", como los edificios y el transporte por carretera, que anteriormente no estaban incluidos en el RCDE UE debido a dificultades técnicas y de gestión. Para superar estas dificultades, el sistema adopta un enfoque *upstream*, regulando a las empresas distribuidoras de combustibles, quienes deberán entregar derechos de emisión por las cantidades de combustible despachadas a consumo. Esto transfiere la señal de precios a los consumidores finales.

Así, la principal diferencia entre el RCDE UE II que introduce la Directiva (UE) 2023/959 y el RCDE UE I que regula la Directiva 2003/87/CE radica en su diferente punto de partida. Mientras el RCDE UE I parte de un enfoque descendiente o *downstream* -en dirección a donde se produce la combustión del producto contaminante- el RCDE II introduce un enfoque ascendente o *upstream* -en dirección al proveedor que suministra el producto contaminante responsable de las emisiones tras su combustión-[79]. Así, en el caso del RCDE I los sujetos regulados son los mismos sujetos que deben comprar derechos de emisiones por las emisiones de CO2 que ellos mismos generan. Sin embargo, bajo el sistema introducido por RCDE UE II las partes sometidas al mismo son los proveedores de gas, proveedores de carbón o empresas de la industria del petróleo y gas. Por tanto, son estos sujetos los que deben adquirir derechos de emisión y, consecuentemente, son estos los que pagan por las emisiones que resultan de la combustión posterior de los combustibles fósiles por parte del usuario final.

El diferente punto de partida del RCDE UE I con respecto al sistema aplicado a los "sectores difusos" se justifica si tenemos en cuenta, precisamente, los sectores involucrados. En el caso del RCDE UE I, se pretender limitar las emisiones de asociadas a las instalaciones fijas y la aviación, lo que supone un número controlable y limitado de actores que participan directamente en el sistema. Por el contrario, si - se pretende gravar el transporte y la calefacción un sistema como el RCDE UE II debería incluir a un gran número de emisores, por ejemplo, ciudadanos que utilizan combustibles fósiles para operar sus vehículos o calentar sus viviendas. Adoptar un enfoque *downstream* en estos casos equivaldría a introducir un esquema de asignación personal de carbono[80] muy difícil de adoptar desde el punto de vista del coste, la viabilidad práctica y la aceptabilidad pública. En estos casos, un sistema *upstream* presenta una mayor aceptabilidad política, al tiempo que ofrece un desempeño comparable en términos de eficiencia económica, efectividad ambiental y equidad social[81].

Este enfoque pretende garantizar una reducción progresiva y controlada de las emisiones en los denominados sectores difusos, aplicando un sistema de control transparente y basado en datos verificables. Para minimizar los

---

78   Tanto el RCDE UE como el nuevo régimen para el transporte y la edificación funcionan según el principio de "límite y comercio" (*cap and trade*). Así, en primer lugar, se toma la decisión política sobre la cantidad de GEI que se permite emitir ("límite") y, por tanto, el número de derechos que se asignarán o subastarán. En el caso del nuevo régimen de comercio, el límite máximo de emisiones se fijará a partir de 2026 sobre la base de los datos recogidos en el marco del Reglamento de Reparto del Esfuerzo (RRE) y el nivel de ambición, y disminuirá hasta alcanzar una reducción de las emisiones del 43 % en 2030 en comparación con 2005 para los sectores de los edificios y el transporte por carretera (artículo 30 quater y anexo III bis)

79   ANTÓN ANTÓN, A., "El nuevo régimen de comercio de derechos de emisión...*Óp. Cit.*

80   *Vid.* FLEMING, D., "Tradable quotas: using information technology to cap national carbon emissions", European Environment, Vol. 7, 1997, pp. 139-148.

81   *Vid.* SORRELL, S., "An upstream alternative to personal carbon trading", Climate Policy, Vol. 10, 2011, pp. 481-486

costes administrativos, la Directiva se basa en estructuras fiscales existentes, especialmente las establecidas en la Directiva sobre fiscalidad de la energía[82] y la Directiva 2020/262 del Consejo sobre impuestos especiales[83]. En lugar de regular directamente a las entidades emisoras de GEI, como en las instalaciones fijas y la aviación, la regulación ocurre en fases previas de la cadena de suministro. Concretamente, la Directiva 2023/959 define el punto de regulación remitiéndose, con las adaptaciones necesarias, al sistema de impuestos especiales establecido por la Directiva 2020/262. Esto sígnica que prevé efectuar el control efectivo de las emisiones sujetas al nuevo régimen a través de los sistemas de control de las cantidades de combustible despachadas a consumo ya existentes a efectos del pago de los impuestos especiales.

El sistema *upstream* de comercio de emisiones presenta importantes similitudes con los impuestos al carbono o CO2 vigentes en varios países europeos, dado que el efecto de incentivo para los consumidores finales sería prácticamente idéntico: desincentivar el consumo de combustibles fósiles mediante un precio añadido al carbono. Sin embargo, SORRELL destaca una diferencia clave entre ambos mecanismos. Mientras que en un impuesto al carbono el tipo impositivo es **fijo y visible**, en un régimen de comercio de emisiones con un enfoque upstream, el precio del carbono sería **variable y en gran parte oculto** dentro del precio final de los combustibles.

Las regulaciones recientemente establecidas ampliarán la aplicación de un mecanismo de tarificación del carbono a sectores previamente excluidos, incluidos el transporte por carretera y el transporte marítimo. Esto implica, por un lado, que las subastas vinculadas a estas emisiones generarán ingresos adicionales significativos y, por otro lado, que progresivamente se irán estableciendo señales de precio diseñadas para inducir modificaciones en los comportamientos de consumidores y empresas en un mayor número de sectores.

Consecuentemente, los sistemas de comercio de emisiones emergen como el fundamento de la política climática de la Unión Europea y se consolidan como el instrumento esencial para la reducción coste-eficiente de las emisiones GEI en el sector del transporte y la energía. Por consiguiente, a las modificaciones del RCDE I vigente desde 2003, se añade ahora la implementación de un nuevo régimen de comercio, el RCDE II, para los "sectores difusos" y que incluye el transporte por carretera, la edificación, entre otros sectores, y que está previsto que entre en vigor en el año 2027[84].

En el caso de España, una de las propuestas de *Libro Blanco* para la reforma tributaria presentada por el Comité de Personas Expertas en 2022 era aumentar de forma general de la fiscalidad de hidrocarburos, en particular gas natural y carburantes de automoción, con la creación de un impuesto sobre emisiones de CO_2 que garantizase el cumplimiento de los compromisos medioambientales para los sectores difusos si en el sistema de comercio de emisiones para transporte y edificación propuesto no prosperase. Con esta medida no solo se pretendía intensificar la tributación medioambiental sino también alcanzar un importante aumento recaudatorio. Para mitigar los posibles impactos distributivos y sobre la competitividad de este nuevo impuesto se recomendaba, al igual que sucede con el régimen de comercio del transporte, implantación gradual y la introducción de compensaciones distributivas y sectoriales[85].

Concretamente, en el caso de los carburantes de automoción, además de igualar los tipos impositivos de gasolina y diésel de automoción, se previa la introducción de un precio de carbono de 50 €/tCO_2. Como se señala en el informe, el mercado europeo sobre edificación y transporte contemplado en el paquete *Objetivo 55*, de ser aprobado, originaría (precios actuales del RCDE UE) impactos similares en precios y en ingresos para el sector público español. En el caso que el régimen de comercio no se hubiera aprobado, hubiera sido imprescindible

---

82   Así, por ejemplo, a efectos del nuevo sistema se entenderá por "combustible" uno de los productos energéticos a que se refiere el art. 2.1, de la Directiva 2003/96/CE, incluidos los combustibles enumerados en los cuadros A y C del anexo I de dicha Directiva, así como cualquier otro producto destinado a ser utilizado, puesto a la venta o utilizado como carburante de automoción o combustible para calefacción, tal como se especifica en el art. 2.3, de dicha Directiva, también para la generación de electricidad;

83   Directiva (UE) 2020/262 del Consejo, de 19 de diciembre de 2019, por la que se establece el régimen general de los impuestos especiales (DOUE L 58 de 27.2.2020 46) En este último caso a menos que se extinguiera la deuda aduanera en virtud del art. 124, apartado 1, letras e), f), g) o k), del Reglamento 952/2013. Si la deuda aduanera se extinguió con arreglo a lo dispuesto en el art. 124, apartado 1, letra e), del Reglamento 952/2013, los EEMM podrán establecer en su Derecho nacional una sanción que tenga en cuenta la cantidad de deuda en términos de impuestos especiales que se habría contraído

84   *Vid.* ANTÓN ANTÓN, A., "El nuevo régimen de comercio de derechos de emisión...*Óp. cit*

85   COMITÉ DE PERSONAS EXPERTAS, *Libro Blanco sobre la Reforma Tributaria...Óp. Cit, pág.*

introducir una tributación adicional sobre emisiones de CO_2 de transporte y gas para garantizar el cumplimiento de los ambiciosos objetivos de la UE en los sectores difusos.

Ante la aprobación del nuevo régimen de comercio, hay que tener presente que el propio Libro Blanco fija la "coordinación y complementariedad con el contexto regulatorio medioambiental" como uno de principios rectores de una reforma fiscal medioambiental es España. Concretamente, señalan que, aunque los tributos medioambientales propuestos tienen como razón fundamental la incorporación de los costes medioambientales asociados a ciertas actividades para facilitar el cumplimiento de compromisos medioambientales de España, no se puede obviar el contexto regulatorio en el que se ubican las propuestas para garantizar su idoneidad, proporcionalidad, eficacia y utilidad en la práctica. Precisamente, en el *Libro Blanco* ya se reconocía que, en el caso de los GEI, no hay margen para la alternativa impositiva porque el sector eléctrico ya se encuentra sujeto al RCDE UE y, en caso contrario, se produciría superposición de instrumentos y doble pago por emisión de contaminantes. Teniendo en cuenta lo anterior, parece que la tributación adicional sobre el CO_2 solo tendría sentido hasta 2027, fecha en la que empezará a estar vigente la asignación de un precio a las emisiones de CO_2 en el sector del transporte a través el nuevo régimen de comercio. Sin embargo, habría que plantearse la idoneidad de introducir este impuesto en el contexto actual o esperar a la entrada en vigor efectiva del nuevo sistema armonizado a nivel de la UE.

5.2. El Mecanismo de Ajuste en Frontera por Carbono (MAFC)

Con la instauración del RCDE II y la revisión del RCDE I, se reafirma la primacía de estos instrumentos económicos sobre los impuestos medioambientales y energéticos en cuanto a la introducción de señales de precio del carbono, erigiéndolos como los principales mecanismos de tarificación de las emisiones de CO_2 en la UE.

Sin embargo, en este punto hay que tener presente que la fijación de precios elevados al carbono o precios mayoristas altos de la energía pueden afectar la competitividad de los productos y servicios intensivos en energía en los mercados globales. Esto incrementa el riesgo de fuga de carbono. Este fenómeno ocurre cuando las empresas de sectores industriales intensivos en emisiones de gases de efecto invernadero trasladan su producción a países con normativas climáticas menos estrictas debido a los costes asociados a las políticas climáticas de la Unión. Asimismo, se produce fuga de carbono cuando las importaciones de productos más intensivos en emisiones provenientes de estos países sustituyen a los productos menos contaminantes fabricados en la Unión. Así, mientras persista un número significativo de socios internacionales con políticas climáticas que no alcancen el mismo nivel de ambición que la Unión Europea, el riesgo de fuga de carbono seguirá siendo una preocupación por el miedo a que la actividad económica se desplaza a jurisdicciones con menores restricciones ambientales.

Estas situaciones no solo pueden incrementar las emisiones globales totales, sino también comprometer los esfuerzos globales para limitar el incremento de la temperatura media mundial. Ello pone en peligro los objetivos climáticos del Acuerdo de París de mantener el aumento de la temperatura muy por debajo de los 2 °C respecto de los niveles preindustriales, al tiempo que se redoblan esfuerzos para limitar dicho incremento a 1,5 °C. Además, a medida que la Unión eleva su nivel de ambición climática, el riesgo de fuga de carbono puede reducir la eficacia de sus políticas de reducción de emisiones, socavando sus objetivos.

Hasta fechas recientes, los principales mecanismos utilizados para mitigar el riesgo de fuga de carbono en los sectores o subsectores más expuestos incluyen:

1. La asignación gratuita transitoria de derechos de emisión en el marco del Régimen de Comercio de Derechos de Emisión (RCDE) de la UE, regulada en el artículo 10 bis, apartado 6, de la Directiva 2003/87/CE.

2. Medidas financieras para compensar los costes de emisiones indirectas, derivados del impacto de los costes de los gases de efecto invernadero en los precios de la electricidad, previstas en el artículo 10 ter de la misma Directiva.

La asignación gratuita de derechos de emisión ha sido un instrumento clave para proteger a los sectores industriales más vulnerables frente a la competencia internacional, permitiendo que las instalaciones con mejor rendimiento puedan hacer frente al riesgo de fuga de carbono. Este enfoque ha servido de apoyo estratégico en el contexto de políticas climáticas más estrictas dentro de la Unión Europea.

Sin embargo, la UE considera que este mecanismo presenta limitaciones significativas. Como se desprende del considerando 11 del Reglamento (UE) 2023/956, la asignación gratuita, en comparación con la venta completa en subasta de los derechos de emisión, debilita la señal de precios transmitida por el sistema a las instalaciones beneficiarias. Esto reduce los incentivos para invertir en tecnologías que permitan una mayor reducción de las emisiones de gases de efecto invernadero, lo que podría ralentizar la transición hacia una economía más limpia y sostenible.

En consecuencia, se consideró necesario explorar y desarrollar alternativas que refuercen la eficacia de las políticas climáticas de la Unión, garantizando tanto la competitividad de las industrias afectadas como una reducción sustancial de las emisiones a nivel global.

En este sentido, una herramienta clave en la estrategia de la UE para avanzar hacia emisiones netas cero es el Mecanismo de Ajuste en la Frontera por Carbono (MAFC), que busca fijar un precio justo al carbono incorporado en los bienes intensivos en carbono importados a la UE. Este mecanismo, cuya implementación gradual ya ha comenzado, está diseñado para prevenir la fuga de carbono y nivelar el campo de juego para las empresas europeas que operan bajo estrictas políticas climáticas.

En este contexto, el objetivo del Mecanismo de Ajuste en Frontera por Carbono (MAFC), regulado por el Reglamento (UE) 2023/956, es reemplazar los mecanismos actuales para abordar el riesgo de fuga de carbono mediante un enfoque diferente. Este consiste en garantizar un sistema equivalente de fijación del precio del carbono tanto para las importaciones como para los productos fabricados dentro de la Unión. Así, el MAFC pretende posicionase como una herramienta esencial dentro del marco legislativo del Objetivo 55, destinado a reducir las emisiones netas de gases de efecto invernadero de la Unión en al menos un 55 % para 2030.

Los ajustes fiscales en frontera (AFF) como el MAFC[86], conocidos internacionalmente como *border tax adjustments* (BTA), son prácticas fiscales mediante las cuales se grava con impuestos internos ciertos productos importados y, simultáneamente, se exime del pago de esos mismos impuestos a los productos destinados a la exportación. Estas medidas tienen un impacto directo en el comercio internacional, ya que afectan tanto a la importación como a la exportación de bienes. Los AFF se aplican exclusivamente a tributos que recaen sobre bienes, dejando de lado los impuestos directos. Como señala SALASSA BOIX, por la similitud de su estructura, los AFF pueden recordar al funcionamiento de los aranceles aduaneros, aunque ambos instrumentos son distintos. El ajuste fiscal no se realiza en la frontera propiamente dicha, como ocurre con los aranceles, sino en función del paso de los bienes por la frontera.

Más allá de su denominación, los AFF buscan equilibrar la carga fiscal entre las empresas extranjeras (importadoras) y las locales (fabricantes), con dos propósitos principales: a) Gravar las importaciones para evitar la doble no imposición internacional y asegurar que las empresas extranjeras soporten una carga fiscal equivalente a la de las empresas locales. b) Eximir a las exportaciones de impuestos domésticos para evitar la doble imposición internacional, favoreciendo la competitividad de los productos locales en mercados internacionales. Los AFF están vinculados al principio de tributación en el país de destino, es decir, gravar los bienes según el lugar donde se consumen. Su objetivo principal es garantizar la neutralidad comercial de la carga fiscal doméstica, protegiendo a las industrias locales sin generar distorsiones en la competitividad internacional.

En el caso del MAFC se espera que no solo desempeñe un papel clave en la protección de la integridad de las políticas climáticas de la Unión, sino que también se espera que contribuya a impulsar la descarbonización de terceros países al fomentar una producción más limpia y sostenible en los mercados internacionales. Asimismo, el MAFC refuerza el compromiso de la Unión con la neutralidad climática para 2050, en consonancia con los objetivos del Acuerdo de París y el liderazgo global en la lucha contra el cambio climático.

---

86   Aunque los AFF no son un instrumento fiscal novedoso, su implementación en el ámbito de la tributación ambiental es relativamente reciente. Uno de los factores que impulsó esta tendencia fue el retiro de Estados Unidos del Acuerdo de París en 2020, lo que generó la necesidad de contrarrestar la pérdida de competitividad de las empresas locales en países con políticas climáticas estrictas. En los últimos años, los AFF han ganado relevancia como una medida efectiva para mitigar los efectos negativos que los impuestos ambientales indirectos pueden tener en la competitividad de las industrias locales. En definitiva, los ajustes fiscales en frontera se consolidan como un mecanismo clave para proteger la competitividad de las empresas nacionales, garantizar la neutralidad comercial y promover la equidad en la carga fiscal, particularmente en el contexto de políticas climáticas y ambientales más estrictas. *Vid.* SALASSA BOIX, R., "La compatibilidad de los ajustes fiscales en frontera ambientales con el GATT a partir del impuesto español sobre los plásticos no reutilizables", Crónica tributaria, m. 181, 2021, pp. 109-143.

El MAFC establece un sistema de certificados que los importadores de productos intensivos en carbono deben adquirir. Estos certificados reflejan las emisiones incorporadas en los bienes importados, igualando el coste del carbono aplicado a los productos europeos bajo el RCDE. Inicialmente, este mecanismo se dirige específicamente a productos de alta intensidad de carbono, tales como el hierro, el acero, el cemento, el aluminio, los fertilizantes, la electricidad y el hidrógeno, y tiene por finalidad prevenir la competencia desleal y la fuga de carbono, asegurando la igualdad de condiciones entre los productores de la UE y aquellos de países con políticas climáticas menos rigurosas[87]. Los productos específicos incluidos están detallados en el Anexo I del Reglamento (UE) 2023/956, que establece el marco legal para el MAFC. En este sentido, inicialmente el MAFC afectará a los sectores más intensivos en carbono y con mayor riesgo de fuga de carbono: cemento, hierro y acero, aluminio, fertilizantes, hidrógeno y electricidad.

No obstante, para asegurar una transición gradual desde el sistema actual de asignación gratuita de derechos de emisión hacia el MAFC, se consideró que su implementación debe llevarse a cabo de forma progresiva, coincidiendo con la eliminación gradual de los derechos de emisión gratuitos en los sectores incluidos en el ámbito del MAFC. Durante este periodo transitorio, la coexistencia de los derechos de emisión gratuitos del RCDE UE y el MAFC no deberá, en ningún caso, dar lugar a un trato más favorable para los productos fabricados en la Unión respecto a los bienes importados en el territorio aduanero de la Unión. Así, en el marco de la reforma legislativa impulsada por la Comisión, el Reglamento (UE) 2023/956 ha establecido la implementación progresiva MAFC desde el año 2026 hasta el 2034, en concurrencia con la supresión progresiva de la asignación gratuita de derechos de emisión en el RCDE I[88].

- Fase Transitoria (2023-2025): Los importadores deben reportar trimestralmente las emisiones asociadas a sus productos.

- Implementación Plena (a partir de 2026): Compra obligatoria de certificados CBAM, vinculando directamente el coste del carbono en las importaciones a los precios establecidos por el RCDE.

La implementación gradual del instrumento busca facilitar una transición predecible para empresas y autoridades. Durante este periodo, se aplicarán obligaciones de notificación trimestral, pero no será necesaria la entrega de certificados MAFC ni el pago de ajustes financieros. Concretamente, los objetivos del periodo transitorio son: a) Servir como etapa piloto para que importadores, productores y autoridades se familiaricen con el sistema. b) Recoger información útil sobre las emisiones implícitas asociadas a las importaciones para mejorar las metodologías en la fase definitiva. C) Garantizar una transición progresiva hacia la introducción completa del MAFC a partir del 1 de enero de 2026.

A partir del 1 de enero de 2026, el MAFC entrará en su etapa definitiva. Los importadores deberán: a) Declarar anualmente la cantidad de mercancías importadas y las emisiones implícitas asociadas al año anterior. b) Entregar certificados MAFC equivalentes a dichas emisiones.

El precio de los certificados MAFC se basará en el precio medio semanal de los derechos de emisión del RCDE UE. La eliminación progresiva de las asignaciones gratuitas del RCDE UE se desarrollará entre 2026 y 2034, en paralelo con la introducción del MAFC.

El MAFC se configura como una herramienta diseñada para evitar que los esfuerzos de la UE por reducir las emisiones se vean neutralizados por el incremento de emisiones fuera de sus fronteras, ya sea por la deslocalización de la producción o por un aumento de las importaciones de productos con mayor intensidad de carbono. Esto resulta fundamental para alcanzar los objetivos climáticos ambiciosos de la UE y para preservar la competitividad de sus industrias. No obstante, la implementación de este mecanismo exige una revisión de las subvenciones y medidas fiscales que actualmente se otorgan a las empresas dentro de la UE sujetas al RCDE.

---

87 *Vid.* MONTES, A. y MORENO, J., "Acelerar la transición ecológica...", *Óp. cit.*

88 *Vid.*, sobre esta cuestión, PIRLOT, A., "Carbon Border Adjustment Measures: A Straightforward Multi-Purpose Climate Change Instrument?", *Journal of Environmental Law*, Vol. 34 (1), 2021, pp. 25-52.

5.3. La Directiva sobre Imposición Energética: reforma y desafíos

La Unión Europea (UE) ha posicionado los sistemas de comercio de emisiones como la piedra angular de su política climática, constituyéndose en el instrumento clave para reducir las emisiones de gases de efecto invernadero de manera eficiente en términos de costes, particularmente en sectores excluidos hasta ahora como el transporte. No obstante, ante la prominencia en la UE de los instrumentos económicos basados en regímenes de comercio (RCDE I y II)[89], también se plantea la cuestión de los ámbitos en los que los impuestos medioambientales pueden continuar desempeñando algún papel relevante en el contexto de la lucha contra el cambio climático[90], la promoción de la movilidad sostenible o la descarbonización del sector eléctrico[91].

Este ente sentido hay que tener presente que la estrategia de la Unión Europea para alcanzar emisiones netas cero exige una combinación equilibrada y estratégica de herramientas fiscales, políticas de gasto y medidas regulatorias. Este enfoque integrado debe garantizar que la transición hacia una economía baja en carbono no solo sea efectiva en términos climáticos, sino también económicamente viable, permitiendo que la economía de la UE mantenga su competitividad global y prospere en el desarrollo de industrias sostenibles.

Por tanto, la fiscalidad ambiental también desempeña un papel fundamental en la estrategia climática de la Unión, como parte de una combinación de políticas diseñada para garantizar que la economía europea permanezca competitiva mientras avanza hacia la sostenibilidad[92]. Entre los principales tipos de impuestos ambientales con potencial para aplicar una estrategia coordinada basada en la aplicación simultanea de varios instrumentos se incluyen: a) Impuestos sobre la energía. Incluyen impuestos sobre los combustibles utilizados en el transporte y en otras actividades económicas. b). Impuestos sobre el transporte. Excluyen los impuestos sobre combustibles, pero abarcan impuestos relacionados con la importación, venta, registro o uso de vehículos motorizados, así como cargos por congestión. c) Impuestos sobre la contaminación y los recursos. Destinados a mitigar impactos ambientales específicos y fomentar un uso más eficiente de los recursos naturales.

En caso concreto de la fiscalidad energética, la Comisión Europea ha defendido el papel que puede tener un sistema fiscal bien diseñado para apoyar la transición verde al entender que la fiscalidad, como instrumento político, tiene potencial para coadyuvar a lograr el objetivo de neutralidad climática, así como a los demás objetivos medioambientales del *Pacto Verde*. Como señala la propia Comisión, los impuestos medioambientales son un instrumento disponible tanto para la Unión Europea como para sus Estamos miembros que permite contribuir a proporcionar las señales de precios correctas e incentivos adecuados a los productores, los usuarios y los consumidores para fomentar un consumo menos contaminante y contribuir al crecimiento sostenible. Paralelamente, son instrumentos que pueden aportar ingresos fiscales adicionales a los presupuestos públicos; lo cuales pueden ser destinados: a financiar las inversiones en favor de la citada transición verde; a reducir impuestos en otros ámbitos -por ejemplo, sobre el trabajo- o a financiar medidas de mitigación de los efectos distributivos.

En este sentido, hay que tener en cuenta que, además de las citadas Directivas ya aprobadas y relativas a los sistemas de comercio de emisiones y, la UE sigue reconociendo la necesidad imperante de modificar el marco de la Directiva 2003/96, *sobre imposición energética de la Unión Europea* (en adelante, DIE) para que esta se ajuste a los nuevos objetivos establecidos. Según la evaluación de la Comisión Europea, la actual formulación y estructura de la DIE presenta deficiencias significativas que generan incentivos contrarios a los objetivos climáticos establecidos en el Pacto Verde Europeo.

En particular, la normativa vigente favorece, de hecho, la utilización de carburantes y combustibles fósiles frente a alternativas más sostenibles. Un ejemplo de esta contradicción es la promoción indirecta del uso de carbón como

---

89   WINTER, J., "Mercados de emisiones y comercio internacional", *bie3: Boletín IEEE*, núm. 28, 2022, pp. 235-276.

90   En este sentido, *vid.* VILLAR EZCURRA, M., "Cambio climático y fiscalidad", en ALENZA GARCÍA, J. F. y MELLADO RUIZ, L. (Coords.), *Estudios sobre cambio climático y transición energética: Estudios conmemorativos del XXV aniversario del acceso a la cátedra del profesor Íñigo del Guayo Castiella*, Marcial Pons, 2022, pp. 763-780.

91   *Vid.* ANTÓN ANTÓN, A., "La fiscalidad energética en el contexto del pacto verde europeo...*Óp. cit.*

92   *Vid.* COMISIÓN EUROPEA, *Annual Report on Taxation 2024, Directorate-General for Taxation and Customs Union*, European Commission, Publications Office of the European Union, Luxemburgo, 2024

combustible para calefacción, a pesar de su elevado impacto ambiental. En su versión actual, la DIE no proporciona señales de precio adecuadas para incentivar la transición hacia fuentes de energía más limpias ni para promover el ahorro energético. Esta falta de efectividad se debe a que la directiva no incorpora de forma uniforme el contenido de carbono de los productos energéticos, ni contempla la aparición de nuevos vectores energéticos como los e-fuels, los biocombustibles avanzados o el hidrógeno renovable. Además, la normativa no ha logrado cumplir de manera eficaz su objetivo principal de garantizar el buen funcionamiento del mercado interior, permitiendo la coexistencia de tipos impositivos asimétricos entre los Estados Miembros, aun respetando los niveles mínimos de imposición fijados[93].

Las principales causas de estas deficiencias estructurales radican en cuatro aspectos fundamentales: *a)* Configuración de la base imponible. La DIE establece la imposición fiscal en función del volumen de los productos energéticos consumidos, en lugar de considerar su contenido energético o su impacto ambiental real. *b)* Desactualización de los niveles mínimos de imposición. Los valores mínimos de tributación definidos no han sido revisados de forma periódica, lo que ha llevado a su obsolescencia en un contexto de creciente ambición climática. *c)* Ámbito de aplicación limitado. La normativa actual no se adapta a la aparición de nuevas fuentes energéticas ni a las innovaciones tecnológicas en materia de descarbonización. *d)* Exenciones y reducciones fiscales. La presencia de beneficios fiscales aplicables a determinados combustibles fósiles y sectores, como el carbón, continúa generando distorsiones en la señal de precios y dificulta la internalización real de los costes ambientales.

Estas carencias evidencian la necesidad de una reforma integral de la DIE que permita armonizar la fiscalidad energética con los compromisos climáticos de la Unión Europea, garantizando no solo la coherencia del mercado interior, sino también una transición energética efectiva y equitativa.

La reforma de esta Directiva se considera una prioridad para garantizar que los impuestos energéticos emitan señales de precio efectivas que orienten tanto las conductas de los consumidores como las inversiones hacia combustibles sostenibles de forma coordinada con otros instrumentos económicos vigentes[94], contribuyendo así de manera significativa a la realización de los objetivos del *Pacto Verde*.

En este contexto, la Comisión propone una revisión crítica de las exenciones fiscales en vigor, incluyendo aquellas que se aplican a los combustibles utilizados en el transporte marítimo y aéreo. Adicionalmente, la Comisión sostiene que la fiscalización sobre el contenido energético de los distintos combustibles requiere una mayor armonización y que es necesario mejorar los incentivos para la adopción de combustibles sostenibles en el sector del transporte[95].

Más concretamente, la propuesta de revisión de la DIE tiene como objetivos esenciales los siguientes: 1) Alineación de la imposición de productos energéticos y electricidad con las políticas de la UE en los ámbitos de energía, medio ambiente y cambio climático. Esto conlleva garantizar que los tributos reflejen adecuadamente los objetivos de la UE en términos de eficiencia energética y de reducción de las emisiones de gases de efecto invernadero. 2) Preservación y mejora del Mercado Interior. Esta meta se pretende alcanzar mediante la actualización de la nomenclatura de productos energéticos y la estructura de los tipos impositivos aplicables. El propósito es fomentar la coherencia y eficiencia en la imposición de productos energéticos a lo largo de la UE y evitar distorsiones en la competencia. 3) Racionalización de exenciones y reducciones fiscales. Este objetivo implica la revisión y racionalización del uso de exenciones y reducciones fiscales por los Estados miembros, con el fin de garantizar que dichas medidas sean coherentes con los objetivos energéticos y climáticos de la Unión Europea y no induzcan distorsiones en el mercado. 4) Mantenimiento de la capacidad de generación de ingresos. Es esencial asegurar que la revisión de la directiva no impacte negativamente en la capacidad de los Estados miembros para generar ingresos mediante la imposición de productos energéticos y electricidad, preservando así la autonomía fiscal de dichos Estados[96].

---

93   ANTÓN ANTÓN, A., "La fiscalidad energética en el contexto del pacto verde europeo...*Óp. cit.*

94   *Vid.* ANTÓN ANTÓN, A., "El nuevo régimen de comercio......*Óp. cit.*

95   COMISIÓN EUROPEA, *Propuesta de Directiva del consejo por la que se reestructura el régimen de la Unión de imposición de los productos energéticos y de la electricidad (refundición)*, Bruselas, 14.7.2021 COM (2021) 563 final.

96   ANTÓN ANTÓN, A., "La fiscalidad energética en el contexto del pacto verde europeo...*Óp. cit.*

No obstante, los avances en la modificación de la DIE han sido limitados, existiendo hasta la fecha solo una propuesta. Dicha propuesta requiere ser adoptada por unanimidad del Consejo, conforme a lo dispuesto en los artículos 113 y 192.2 del Tratado de Funcionamiento de la Unión Europea (TFUE), a diferencia de legislaciones anteriores que se aprobaron mediante el procedimiento legislativo ordinario[97]. En la actualidad, el Consejo de la Unión Europea está en proceso de deliberación sobre esta propuesta, habiendo realizado un debate de orientación en diciembre de 2022, durante el cual los ministros de Hacienda de la UE abordaron la revisión de la Directiva sobre Fiscalidad de la Energía. La revisión deberá asegurar que la fiscalidad energética se alinee con los objetivos más amplios de la UE en materia de energía sostenible y combate al cambio climático, y que se coordine adecuadamente con otros instrumentos económicos, como los RCDE I y II.

Llegados a este punto no hay que olvidar la Comisión Europea ya ha desempeñado un rol central en la promoción de la fiscalidad del carbono y la energía durante las últimas dos décadas, impulsando diversas iniciativas regulatorias con el objetivo de establecer un marco armonizado en la UE.

Sin embargo, la realidad es que los esfuerzos continuados de la Comisión no se han traducido, a día de hoy, en un marco de imposición energética armonizado en la UE que permita garantizar implementar de forma coherente y coordinada instrumentos fiscales ambientales, específicamente, en materia de imposición al carbono y sobre la energía.

En este sentido, desde principios de la década de 1990, la Comisión Europea ha formulado múltiples propuestas normativas en el ámbito de la fiscalidad energética y del carbono. Destaca especialmente la propuesta presentada en 1992, consistente en la introducción de un impuesto dual que gravaría simultáneamente las emisiones de dióxido de carbono (CO_2) y el contenido energético de los productos sujetos a imposición. Esta propuesta se sustentó en los principios delineados en un informe de 1991, el cual evaluaba las ventajas y desventajas comparativas entre los impuestos a la energía y los impuestos al CO_2. Dicho informe subrayó que un aspecto fundamental de cualquier esquema fiscal debía ser su neutralidad recaudatoria, es decir, que la carga tributaria global de la economía no se viera incrementada. En el marco de la propuesta de 1992, se contemplaron tipos impositivos básicos equivalentes a 2,81 Unidades de Moneda Europea (ECU) por tonelada de CO_2 emitida por la combustión de combustibles fósiles y 0,21 ECU por gigajulio (GJ) para el componente energético. Posteriormente, la Comisión introdujo modificaciones y enmiendas a esta propuesta en los años 1995 y 1997, las cuales fueron objeto de amplias deliberaciones entre la institución europea y los Estados miembros.

Así, el proceso anterior culminó con la adopción, en 2003, de la Directiva 2003/96/CE sobre Fiscalidad de la Energía (en adelante, DIE), la cual derogó las anteriores Directiva sobre Hidrocarburos de 1992[98] aunque manteniendo la estructura basada en niveles mínimos de imposición expresados en términos de volumen. La DIE de 2003 incrementó de forma moderada la imposición mínima sobre los productos energéticos y, por primera vez, estableció tipos impositivos mínimos armonizados para la electricidad, el gas natural y el carbón en toda la UE. Estos tipos mínimos resultan jurídicamente vinculantes para todos los Estados miembros, lo que implica que los tributos nacionales aplicados a los productos energéticos deben, al menos, alcanzar los niveles mínimos definidos en la normativa comunitaria. Sin embargo, cabe destacar que los tipos impositivos establecidos en la DIE de 2003 no se estructuraron en función del contenido energético de los productos gravados, sino principalmente en unidades físicas (por ejemplo, euros por litro o tonelada). Además, aunque la estructura fiscal no contempla un componente obligatorio de imposición al CO_2, la Directiva habilitaba explícitamente a los Estados miembros a establecer impuestos al carbono de manera complementaria, dado que todos los impuestos indirectos aplicados directa o indirectamente sobre la cantidad de productos energéticos están comprendidos en el ámbito de aplicación de la DIE. Concretamente, la DIE permite a los Estados miembros fijar tipos nacionales por encima de dichos mínimos, así como introducir impuestos adicionales. Esta estructura la convierte en un instrumento potencialmente adecuado para que estos productos reflejen en sus precios el coste para la sociedad de las emisiones de CO_2 derivadas de su

---

97   BISOGNO M., "Twenty years after the adoption of the Energy taxation Directive: is its reform in a greener sense just an illusion?", *Intertax*, Vol. 51, 2023, pp. 697-702.

98   La fiscalidad de la energía ha sido parte de las medidas fiscales nacionales existentes mucho antes de la existencia de la DIE. De hecho, antes de la aprobación de aquella, ya existía un marco de fiscalidad energética en la UE, aunque limitado a los hidrocarburos -Directivas 92/81/CEE y 92/82/CEE-.

uso. Precisamente, la idea original era que la DIE se convirtiera en un instrumento para que los Estados miembros pudieran hacer uso de la política fiscal en apoyo de: la protección del medio ambiente y el cumplimiento de los compromisos internacionales relacionados con el clima, la eficiencia energética o las políticas de transporte.

Sin embargo, la evolución normativa de la Directiva sobre Imposición Energética (DIE) refleja un cambio en las prioridades de la Unión Europea, orientándose hacia la creación de un marco armonizado para la tributación de los productos energéticos y la electricidad, en lugar de un esquema único de tributación energético-ambiental.

El objetivo principal de la DIE, desde su adopción, ha sido garantizar la armonización fiscal en el mercado interior, lo que implica establecer unos niveles mínimos de imposición aplicables de forma uniforme en los Estados Miembros para productos energéticos y electricidad. Sin embargo, este enfoque ha demostrado ser incoherente con los objetivos ambientales del Pacto Verde Europeo, dado que no diferencia adecuadamente entre las fuentes de energía en función de su impacto ambiental ni promueve la reducción de emisiones de carbono de manera efectiva.

El origen de esta falta de coherencia medioambiental puede explicarse al analizar el historial legislativo de la DIE y, en particular, el requisito de unanimidad establecido en el artículo 113 del Tratado de Funcionamiento de la Unión Europea. Dicho artículo condiciona la adopción de medidas fiscales a la aprobación unánime de todos los Estados Miembros, lo que ha limitado la posibilidad de introducir medidas fiscales ambiciosas con un claro componente ambiental.

Para alcanzar el consenso necesario, la DIE sacrificó su potencial medioambiental en favor de una armonización fiscal básica, centrada en la imposición mínima y no en la internalización de los costes ambientales reales de los productos energéticos. Esta concesión permitió avanzar en la creación de un mercado único con reglas fiscales comunes, pero a costa de reducir la efectividad de la directiva como herramienta para la lucha contra el cambio climático.

Por esta razón, podría sostenerse que la DIE no introdujo un marco armonizado de imposición energético-ambiental, sino más bien un marco general para los impuestos energéticos. Estos impuestos se definen por gravar todas las formas de energía con independencia de su impacto ambiental, centrándose exclusivamente en la base imponible del contenido energético de los productos[99].

En consecuencia, los impuestos energéticos establecidos bajo la DIE responden a una lógica primordialmente recaudatoria, cuyo diseño interno se basa en gravar el consumo de productos energéticos de manera uniforme, sin considerar las diferencias en términos de emisiones de gases de efecto invernadero o la eficiencia ambiental de cada fuente de energía.

Esta estructura implica que la imposición no está orientada a incentivar cambios de comportamiento ambiental, sino a asegurar una base fiscal estable y predecible, sacrificando así su potencial como herramienta de política climática. Dicha orientación contrasta con otros instrumentos como el Régimen de Comercio de Derechos de Emisión (RCDE UE), cuyo propósito principal es la reducción de emisiones mediante señales de precio basadas en el carbono emitido.

En este contexto, la falta de diferenciación ambiental en la DIE subraya la necesidad de una reforma normativa que armonice la imposición energética con los objetivos del Pacto Verde Europeo, promoviendo una fiscalidad que no solo sea neutral desde el punto de vista del mercado interior, sino también efectiva en la transición hacia una economía baja en carbono.

En 2011, la Comisión Europea presentó una propuesta revisada para la reestructuración de la DIE, inspirada nuevamente en el modelo original de 1992 de una fiscalidad dual sobre la energía y las emisiones de carbono. El esquema propuesto pretendía establecer una diferenciación clara entre un impuesto energético y un componente de impuesto al CO2. El tipo impositivo propuesto para el CO2 era de €20 por tonelada de CO2 emitido, mientras que los mínimos impositivos para el componente energético ascendían a €9,6 por GJ para los combustibles de

---

99   MILNE, J., "Carbon Taxes in the United States: The Context for the Future", en *The Reality of Carbon Taxes in the 21 st Century*, Vermont Journal of Environmental Law, n,10, 2018.

transporte y a €0,15 por GJ para los productos energéticos utilizados en calefacción. De ser adoptada, la propuesta hubiera supuesto la actualización y aumento de los tipos mínimos aplicables a los productos energéticos en toda la Unión, en consonancia con los objetivos climáticos y energéticos de la UE. Una vez más, las negociaciones entre la Comisión y los Estados miembros no permitieron alcanzar la unanimidad exigida por el TFUE para adoptar una medida de este tipo.

En resumen, aunque la DIE presentaba potencial para desempeñar un papel clave en el ámbito de la política climática y energética la realidad es que la citada Directiva en su versión actual, como ya hemos indicado, no está alineada con el resto de los objetivos del *Pacto Verde Europeo*. De hecho, los principales problemas asociados con el diseño de los impuestos a la energía en algunos Estados miembros son atribuibles a la configuración actual de la DIE.

En este sentido, hay que tener en cuenta que la lógica inherente a la Directiva sobre Imposición Energética, y replicada por los Estados Miembros en sus normativas fiscales internas, se basa en gravar la electricidad y los productos energéticos de manera uniforme, sin diferenciar entre su origen fósil o renovable ni su impacto ambiental o nivel de sostenibilidad[100].

Este enfoque, de carácter general y predominantemente recaudatorio, no incorpora de forma intrínseca criterios de sostenibilidad o reducción de emisiones de gases de efecto invernadero. Como resultado, la DIE no discrimina entre fuentes de energía más contaminantes y aquellas con un mejor desempeño ambiental, lo que limita su efectividad como herramienta de política climática.

Cualquier desviación de esta lógica impositiva, con el fin de promover objetivos ambientales o incentivar la transición energética, debe ser introducida de manera discrecional por los Estados miembros. Estos pueden aplicar tipos impositivos diferenciados, exenciones fiscales o desgravaciones, con el propósito de favorecer el uso de fuentes de energía más limpias o tecnológicamente avanzadas.

Sin embargo, la ausencia de una armonización ambiental obligatoria a nivel de la UE genera un riesgo de fragmentación normativa, donde algunos Estados priorizan incentivos ecológicos, mientras otros se limitan al cumplimiento mínimo de la DIE. Esto refuerza la necesidad de una reforma integral que integre criterios de sostenibilidad y coherencia con los objetivos del Pacto Verde Europeo.

Por tanto, la modificación de esta Directiva es prioritaria si se pretende que a través de los impuestos energéticos se emitan señales de precio adecuadas para dirigir conductas e inversión hacia fuentes energéticas sostenibles y, consecuentemente, que la imposición energética contribuya a la consecución de los objetivos del *Pacto Verde*.

Es crucial considerar los objetivos específicos que se buscan alcanzar con la DIE para prevenir superposiciones con los nuevos mecanismos de fijación de precios al transporte por carretera o la energía basados en instrumentos económicos como los RCDE I y II. En relación con esta última consideración, resulta esencial incluir en el análisis la adopción del Reglamento (UE) 2023/956 de 10 de mayo de 2023, que establece un Mecanismo de Ajuste en Frontera por Carbono (MAFC), y la creación en la UE de un Fondo Social para el Clima mediante el Reglamento UE 2023/955, con el objetivo de abordar los impactos distributivos que el RCDE II pueda generar en los sectores más vulnerables.

En este sentido, y a diferencia de propuestas anteriores, la Comisión Europea busca alcanzar los objetivos de sostenibilidad y eficiencia fiscal mediante un enfoque simplificado y diferenciado en la tributación de los productos energéticos. La reforma propuesta pretende reducir el uso de combustibles fósiles a través de dos vías principales[101]:

---

100   ANTÓN ANTÓN, A. Y VILLAR EZCURRA, M., "Inherent Logic of EU Energy Taxes: Toward a Balance Between Market Protection and Environment Protection" en KREISER L. et.al. (eds.), *Environmental Taxation and Green Fiscal Reform: Theory and Impact, Critical Issues in Environmental Taxation*, Edward Elgar, 2014, Cheltenham.

101   COMISIÓN EUROPEA, *Impact assessment report Accompanying the document Proposal for a Council Directive restructuring the Union framework for the taxation of energy products and electricity* (SWD(2021) 641 final, Comisión Europea, Bruselas.

1. Tipos impositivos diferenciados: Se aplicarían tipos superiores para los combustibles fósiles y tipos reducidos para los productos renovables, lo que disminuiría la ventaja competitiva de los combustibles fósiles frente a alternativas menos contaminantes y desincentivaría su consumo.

2. Revisión de exenciones y reducciones fiscales: La propuesta limita las exenciones que actualmente reducen la tributación sobre combustibles fósiles, como las aplicadas al gasóleo agrícola, al gasóleo y carbón para calefacción doméstica y a ciertos sectores industriales de alto consumo energético. Además, se eliminarían las exenciones aplicables de forma obligatoria a la navegación aérea y marítima, así como al sector pesquero, manteniendo únicamente la posibilidad de eximir a hogares vulnerables.

Para lograr este objetivo, la Comisión propone sustituir el actual impuesto basado en el volumen de los productos energéticos por un impuesto basado en su contenido energético, eliminando así la ventaja competitiva que actualmente favorece a los combustibles fósiles. Este cambio se complementaría con una clasificación de tipos impositivos basada en el desempeño ambiental de cada producto energético, organizada en cuatro categorías:

– Grupo 1 (Tipo general): Combustibles con peor comportamiento ambiental, como diésel y gasolina.

– Grupo 2 (Tipo reducido en 2/3 respecto al tipo general por un periodo de 10 años): Combustibles fósiles de menor impacto, como gas natural, GLP e hidrógeno no renovable.

– Grupo 3 (Tipo reducido en 1/2 respecto al tipo general): Productos renovables como biocombustibles que cumplen criterios de sostenibilidad pero no pueden considerarse biocombustibles avanzados.

– Grupo 4 (Tipo superreducido): Electricidad, biocombustibles avanzados, biolíquidos, biogás e hidrógeno de fuentes renovables.

El cambio del parámetro de volumen a contenido energético, junto con los tipos impositivos diferenciados, eliminaría la ventaja fiscal de los combustibles fósiles y favorecería un trato fiscal más beneficioso para los productos con mejor desempeño ambiental. Esta estrategia busca integrar la fiscalidad energética en las reformas fiscales verdes, logrando un equilibrio entre sostenibilidad ambiental y objetivos recaudatorios.

Desde un punto de vista técnico, la Directiva reformada mantendría la lógica de un impuesto energético general, gravando todos los productos energéticos en función de su contenido energético, sin limitarse exclusivamente a productos derivados de combustibles fósiles. Esta modificación es esencial por razones de neutralidad fiscal, ya que el contenido energético de un producto está directamente relacionado con la cantidad de energía que genera, lo que garantiza un gravamen proporcional al valor energético aportado.

Sin embargo, la propuesta introduce elementos ambientales mediante tipos impositivos diferenciados, lo que implica ventajas fiscales para productos con menor impacto ambiental. No obstante, estas ventajas no podrán considerarse ayudas de Estado conforme al artículo 107 del TFUE, ya que[102]:

1. Los tipos impositivos diferenciados serían de aplicación imperativa para los Estados Miembros, sin margen de discrecionalidad.

2. No se cumplirían los criterios de imputabilidad al Estado ni de financiación con recursos estatales, eliminando así los elementos esenciales para calificar la ventaja como ayuda de Estado.

En definitiva, la propuesta de reforma de la DIE busca aumentar la eficacia ambiental de los impuestos energéticos mediante la modificación de sus elementos esenciales, tales como la base imponible y los tipos impositivos. El objetivo es introducir señales de precio implícitas al carbono que complementen las señales explícitas del Régimen de Comercio de Derechos de Emisión (RCDE UE), avanzando así en la reducción de emisiones y la transición energética.

Este nuevo modelo establece una diferenciación fiscal en función del desempeño ambiental de cada producto, alejándose de la neutralidad fiscal clásica. Si bien la neutralidad impositiva es deseable en contextos de mercado

---

102 *Vid.* ANTÓN ANTÓN, A. Y BILBAO ESTRADA, I., "State Aid and the EU Council Directive 2003/96 / EC: The case for Augmenting the Environmental Component", en DIAS SOARES, C. et. al. (eds.): *Critical Issues in Environmental Taxation: International and Comparative Perspectives*, Oxford University Press, 2010, Oxford.

perfectos, la existencia de fallos de mercado ambientales justifica la intervención del Estado mediante un diseño fiscal que promueva conductas con alto retorno social, incluso a costa de una mayor complejidad administrativa. Esta intervención busca corregir las distorsiones existentes y alinear la política fiscal con los compromisos climáticos de la Unión Europea.

6. Hacia una gobernanza climática integral y coherente en la UE

El análisis desarrollado a lo largo de este capítulo destaca la importancia de un marco de gobernanza climática integral y coherente en la UE, donde la tarificación del carbono desempeña un papel central para la consecución de los objetivos de neutralidad climática. La UE, a través de la reforma del RCDE I y la adopción del RCDE II y el MAFC ha dado pasos significativos para fortalecer la señal de precio al carbono y garantizar una mayor internalización de los costes ambientales.

Concretamente, el marco actual de tarificación del carbono en la UE ha logrado: a) Ampliar la cobertura de sectores. La reforma del RCDE II ha permitido incluir sectores difusos previamente excluidos, como el transporte y los edificios, cubriendo una proporción más significativa de las emisiones totales de la UE. b) Fortalecer la señal de precios: La progresiva reducción de los derechos de emisión disponibles, la introducción de la subasta como mecanismo principal de asignación de emisiones y un calendario de reducción más ambicioso buscan garantizar una descarbonización acelerada y equitativa en todos los sectores económicos. c) Alinear los instrumentos fiscales con los objetivos climáticos. Por su parte, la una hipotética reforma de la DIE podría corregir deficiencias históricas en la fiscalidad energética, como la ausencia de diferenciación ambiental en la imposición de los combustibles fósiles. Al pasar de un modelo basado en el volumen de los productos energéticos a uno centrado en su contenido energético y ambiental, la UE promovería una señal fiscal más alineada con los objetivos del Pacto Verde Europeo, reduciendo la ventaja comparativa que históricamente han tenido los combustibles fósiles y alcanzando una mayor armonización en el mercado común.

Así, el marco de gobernanza climática de la UE se basa en un entramado normativo complejo, donde convergen distintos instrumentos económicos y regulatorios que buscan reducir las emisiones de GEI. Sin embargo, la coexistencia de varios mecanismos, como el RCDE I y II, la DIE y los impuestos al carbono nacionales, plantea importantes riesgos que pueden afectar tanto a la eficacia ambiental como a la eficiencia económica del sistema[103].

Concretamente, el avance hacia un modelo de gobernanza climática integral enfrenta aún desafíos regulatorios y distributivos significativos: a) Coherencia normativa y riesgo de solapamiento normativo. La coexistencia de múltiples instrumentos de tarificación del carbono, como los RCDE I y II, la DIE y los impuestos al carbono

---

103   En el caso concreto del transporte, es preciso aunar el comercio de emisiones, la tarificación de infraestructuras y los impuestos sobre la energía y los vehículos en una política coherente, complementaria y mutuamente compatible. Concretamente, se tratará evaluar si estos dos grupos de instrumentos económicos – regímenes de comercio y los impuestos medioambientales - pueden operar de manera complementaria, sin caer en redundancias o conflictos regulatorios.
Lo anterior implica considerar cuidadosamente cómo se pueden alinear los objetivos de estos instrumentos para maximizar su eficacia en la reducción de las emisiones de gases de efecto invernadero y avanzar hacia una economía baja en carbono, manteniendo la competitividad y la justicia distributiva.

nacionales, puede generar duplicidad regulatoria y situaciones de doble gravamen o coste económico[104]. La correcta coordinación entre estos marcos será clave para mantener la eficiencia económica del sistema. En este sentido hay que tener presente que la coexistencia de instrumentos como el RCDE y los impuestos energéticos o al carbono plantea retos significativos de coordinación normativa[105]. b) Justicia distributiva y protección de los consumidores vulnerables. La tarificación del carbono, al elevar los costes energéticos, puede impactar de manera desproporcionada a los hogares vulnerables, aumentando los costes energéticos y afectando a sectores con menor capacidad de adaptación. Instrumentos compensatorios como el Fondo Social para el Clima se presentan como esenciales para garantizar que la transición climática sea justa e inclusiva, minimizando los efectos regresivos del sistema de tarificación. c) Competitividad y riesgo de fuga de carbono: La aplicación de tarifas al carbono dentro de la UE podría reducir la competitividad de las industrias europeas frente a terceros países con estándares ambientales menos estrictos. En este sentido, el MAFC es clave para nivelar las condiciones de competencia, gravando las importaciones con una tasa proporcional al carbono incorporado en los productos importados.

En conclusión, la UE ha dado importantes pasos hacia un modelo más robusto de gobernanza climática, donde los instrumentos de mercado y fiscales desempeñan un rol central. No obstante, su éxito final dependerá de una implementación coordinada, equitativa y eficiente, capaz de equilibrar los objetivos ambientales con la protección social y la competitividad económica. Para avanzar hacia una gobernanza climática más efectiva habría que contemplar integrar es sus estudios mecanismos correctivos y de coordinación y contemplar aspectos como: a) Clarificación de Ámbitos de Aplicación[106]. b) Mecanismos de coordinación y armonización entre Estados Miembros[107]. c) Supervisión y coordinación. Es fundamental establecer mecanismos de seguimiento que permitan evaluar la eficacia de los instrumentos y corregir posibles solapamientos regulatorios. Es preciso evitar la superposición entre el RCDE II, la DIE y los impuestos nacionales al carbono. De igual forma, es necesario garantizar una delimitación clara de los sectores y emisiones cubiertos por cada instrumento. d) Progresividad fiscal y justicia distributiva. Es necesario tener presente instrumentos y medidas para mitigar los impactos distributivos y garantizar que los

---

104 Como hemos adelantado, el principal riesgo de la coexistencia de múltiples instrumentos de tarificación del carbono es la aparición de doble imposición económica y doble regulación: a) Doble Gravamen o Imposición Económica. Se produce cuando una misma actividad o producto está sujeto a dos cargas financieras simultáneas por el mismo hecho daño ambiental o mismo hecho imponible, lo que genera un coste excesivo para los operadores. Ejemplo: Empresas sujetas al RCDE II (que pagan por los derechos de emisión) y, simultáneamente, gravadas con impuestos al carbono nacionales o por el contenido de carbono de los combustibles. De igual forma, la coexistencia del RCDE II y la DIE podría generar situaciones de doble gravamen si las emisiones de un mismo sector son gravadas simultáneamente con derechos de emisión y tributos energéticos o sobre el carbono. Esto podría no solo aumentar los costes para las empresas sin beneficios ambientales adicionales, sino también generar distorsiones en el mercado interior. b) Doble Regulación. Cuando dos regímenes persiguen el mismo objetivo ambiental, aplicando medidas superpuestas que no generan un beneficio ambiental adicional. Ejemplo: el transporte por carretera estará cubierto tanto por el RCDE II como por impuestos específicos al carbono en varios Estados Miembros. c) Incoherencias en los Incentivos. La introducción de múltiples instrumentos con objetivos similares podría generar incoherencias si no se establece una clara diferenciación en los ámbitos de aplicación. Los distintos instrumentos pueden enviar señales contradictorias al mercado. Ejemplo: La DIE, al gravar la energía sin discriminar su origen fósil o renovable de manera uniforme, podría debilitar los incentivos positivos introducidos por el RCDE II, que sí penaliza las fuentes más contaminantes de forma progresiva.

105 Así, por ejemplo, mientras que el RCDE establece un precio flexible basado en el mercado, los impuestos ofrecen una señal de precio fija. Estas diferencias podrían complementarse si se diseñan de manera armonizada, cubriendo sectores no regulados por el RCDE. De igual forma, se podría tener presente que el RCDE II se centra en sectores sujetos a límites de emisiones cuantificados, mientras que la DIE gravará principalmente el contenido energético de los combustibles, evitando superposiciones directas. En estén sentido, la exclusión de sectores ya regulados por el RCDE II en la DIE es una de las medidas que podrían adoptarse para evitar la doble carga económica. Un ejemplo concreto de coordinación lo encontramos en el artículo 30.3 sexies de la Directiva 2023/959, el cual permite a los Estados Miembros eximir temporalmente a ciertos sectores de la obligación de entregar derechos de emisión si ya están sujetos a un impuesto nacional sobre el carbono equivalente.

106 Para entender los riesgos de solapamiento, es fundamental diferenciar la naturaleza jurídica y económica de los principales instrumentos aplicados en la UE: a) El RCDE UE es un sistema de mercado basado en la lógica de *cap and trade*, que establece un límite total de emisiones y permite la compraventa de derechos de emisión. Su objetivo es garantizar una reducción progresiva de emisiones al menor coste posible. b) La DIE es un Instrumento fiscal que establece una tributación mínima sobre productos energéticos y electricidad, originalmente diseñado con fines recaudatorios y de armonización fiscal. Sin embargo, la propuesta de reforma actual busca alinearlo con los objetivos climáticos a través de un modelo impositivo basado en el contenido energético y ambiental de los productos. c) Por último, los impuestos Nacionales al Carbono son Gravámenes aplicados por algunos Estados Miembros de forma complementaria al RCDE, con el fin de reforzar la señal de precio en sectores no cubiertos o de forma generalizada para aumentar la recaudación fiscal. Aunque todos estos instrumentos comparten el objetivo general de reducir las emisiones y fomentar una transición hacia un modelo económico descarbonizado, sus diferencias estructurales pueden generar duplicidades regulatorias y conflictos de aplicación.

107 La UE debe continuar armonizando los instrumentos fiscales y de mercado, asegurando la complementariedad entre el RCDE II, la DIE y otros mecanismos de tarificación La armonización de la tarificación al carbono y su coordinación con la normativa europea podría resultar esencial para garantizar la eficiencia del sistema sin crear distorsiones en el mercado interior.

hogares vulnerables no se vean desproporcionadamente afectados por la tarificación del carbono[108]. e) Revisión periódica y flexibilidad. Los instrumentos deben ser revisados periódicamente para asegurar que se ajusten a la evolución de los objetivos climáticos y los avances tecnológicos. Sería conveniente introducir cláusulas de ajuste que permitan adaptar la señal de precios en función de los resultados obtenidos. f) Supervisión y Control Eficiente. Implementar mecanismos de seguimiento y verificación sólidos para evitar, por un lado, el fraude, la evasión fiscal y garantizar la correcta aplicación de los instrumentos. Y, por el otro para garantizar la efectividad de instrumentos para alcanzar los objetivos climáticos de forma eficiente. g) Excepciones Temporales y Compensaciones. h) Promoción de la Innovación y la Competitividad. Establecer incentivos adicionales para la innovación tecnológica y la adopción de soluciones de bajas emisiones. En este sentido, sería preciso estudiar la utilización de los ingresos generados por los mercados de carbono y otros instrumentos fiscales y económicos para financiar proyectos de I+D en energías limpias.

El presente análisis ha mostrado que la reforma del RCDE II y la revisión de la DIE representan un paso significativo hacia una gobernanza climática más ambiciosa y coherente en la UE. Sin embargo, la complejidad de los instrumentos utilizados exige una mayor coordinación normativa para evitar solapamientos y distorsiones. En conclusión, la tarificación del carbono, liderada por el RCDE II y complementada por la fiscalidad energética reformada y el MAFC, puede constituir un marco normativo integral capaz de impulsar la descarbonización de la economía europea. No obstante, su éxito dependerá de la capacidad de la UE para garantizar una implementación justa, equitativa y eficiente, en línea con sus objetivos climáticos a largo plazo. En definitiva, la UE se encuentra en un momento clave para consolidar su liderazgo global en la acción climática, avanzando hacia una gobernanza donde la **tarificación del carbono** sea un pilar central, equilibrando los principios de coordinación, eficiencia, equidad y ambición ambiental.

7. Conclusiones

Primera. Para que la gobernanza climática de la UE sea efectiva y justa, es esencial una mayor armonización y coordinación entre los distintos instrumentos fiscales y regulatorios. La coexistencia del RCDE II, la DIE y los impuestos al carbono nacionales debe gestionarse con un enfoque integral, asegurando que: a) Los instrumentos se complementen entre sí y no compitan por regular los mismos sectores. b) Los incentivos generados sean claros y consistentes para los operadores económicos. c) Se eviten situaciones de doble gravamen y regulación redundante. El éxito de la transición climática en la UE dependerá de la capacidad de sus instituciones para simplificar y armonizar estos instrumentos, logrando un equilibrio entre eficiencia económica, equidad social y ambición climática.

Segunda. El análisis desarrollado a lo largo de este trabajo destaca la necesidad de un marco de gobernanza climática integral y coherente en la Unión Europea (UE), donde los instrumentos de tarificación del carbono, como el Régimen de Comercio de Derechos de Emisión (RCDE UE) y la Directiva sobre Imposición Energética (DIE), actúen de manera complementaria y eficaz. La ambición climática de la UE, reflejada en la Ley del Clima Europea y el paquete legislativo *Objetivo 55*, requiere una arquitectura normativa capaz de reducir de forma significativa las emisiones de gases de efecto invernadero (GEI) al tiempo que promueve la eficiencia económica, la innovación tecnológica y la justicia distributiva.

Tercera. El RCDE UE ha demostrado ser una herramienta central en la gobernanza climática al establecer un mercado basado en el principio de *cap and trade*, que limita las emisiones y fija un precio al carbono. Sin embargo, la necesidad de abordar sectores hasta ahora excluidos, como el transporte por carretera y los edificios, ha impulsado la creación del RCDE II, un régimen complementario que busca extender la tarificación del carbono a una mayor parte de la economía. Por otro lado, la reforma de la Directiva sobre Imposición Energética (DIE) persigue corregir

---

108 En este sentido podría tendrá especial importancia tanto fortalecer herramientas como el Fondo Social para el Clima, como también garantizar que los ingresos de la tarificación del carbono se reinviertan en programas de eficiencia energética y apoyo a los hogares más afectados.

los fallos normativos previos, como la falta de diferenciación entre las fuentes de energía según su impacto ambiental, lo que ha favorecido históricamente a los combustibles fósiles. La nueva DIE propone un modelo de imposición basado en el contenido energético, eliminando las exenciones fiscales injustificadas y promoviendo una señal de precios más coherente con los objetivos climáticos del Pacto Verde Europeo.

Cuarta. El marco actual de tarificación del carbono en la UE ha logrado: a) Ampliar la cobertura de sectores. La reforma del RCDE II ha permitido incluir sectores difusos previamente excluidos, como el transporte y los edificios, cubriendo una proporción más significativa de las emisiones totales de la UE. b) Fortalecer la señal de precios: La reducción progresiva de derechos de emisión y la introducción de un calendario de reducción más ambicioso buscan garantizar una descarbonización progresiva y predecible. c) Alinear los instrumentos fiscales con los objetivos climáticos: La reforma de la DIE refuerza la señal de precios ambientales al vincular la fiscalidad con el contenido energético y ambiental, eliminando las ventajas fiscales de los combustibles fósiles. Estos avances reflejan un esfuerzo por construir un sistema integral y alineado con los compromisos climáticos de la UE, con una arquitectura legal y económica capaz de impulsar la neutralidad climática para 2050.

Quinta. Con la introducción del nuevo régimen de comercio de derechos de emisión para los "sectores difusos" (RCDE II), incluido el transporte por carretera, y la revisión del RCDE I UE se confirma la primacía de estos instrumentos económicos frente a los impuestos sobre el carbono y energéticos para introducir señales de precio sobre el carbono y, por tanto, como principales instrumentos de tarificación de las emisiones de CO_2 en la UE. En este sentido, no obstante, será preciso un análisis de la interacción y posible solapamiento entre los dos regímenes de comercio y los impuestos medioambientales vigentes, con un enfoque particular en su aplicación y efectos en sectores clave como el transporte y la energía.

Sexta. A pesar de los progresos, persisten importantes desafíos regulatorios y económicos que amenazan la eficacia de la gobernanza climática: a) Riesgos de Doble Imposición y Doble Regulación b) Justicia distributiva c) Eficiencia y Competitividad en el Mercado Interior. Concretamente, la convivencia de múltiples instrumentos con objetivos similares exige una coordinación normativa aún más precisa, evitando solapamientos y asegurando una implementación equitativa y efectiva.

Séptima. La fijación de precios al carbono en la UE, a través del RCDE, el MAFC y los impuestos medioambientales, representa un enfoque integral para abordar el cambio climático. Sin embargo, la efectividad de estos instrumentos depende de una coordinación normativa adecuada y de medidas complementarias que mitiguen los impactos socioeconómicos y distributivos, promoviendo una transición justa y sostenible.

Bibliografía

ANTÓN ANTÓN, A. y BILBAO ESTRADA, I., "State Aid and the EU Council Directive 2003/96 / EC: The case for Augmenting the Environmental Component", en DIAS SOARES, C. et. al. (eds.): *Critical Issues in Environmental Taxation: International and Comparative Perspectives*, Oxford University Press, 2010, Oxford.

ANTÓN ANTÓN, A. y VILLAR EZCURRA, M., "Inherent Logic of EU Energy Taxes: Toward a Balance Between Market Protection and Environment Protection" en KREISER L. et.al. (eds.), *Environmental Taxation and Green Fiscal Reform: Theory and Impact, Critical Issues in Environmental Taxation*, Edward Elgar, 2014, Cheltenham.

ANTÓN ANTÓN, A., "Chapter 9: The Energy Tax Directive reform", en DE ALMEIDA, L. y VAN ZEBEN, J. (Eds.) *Law in the EU's Circular Energy System Biofuel, Biowaste and Biogas,* Edward Elgar Publishing, 2023, pp. 182-204

ANTÓN ANTÓN, A., "El nuevo régimen de comercio de derechos de emisión y su coordinación con los impuestos energético-medioambientales: especial referencia al transporte por carretera", en RAMOS PRIETO, J. (Dir.), *Retos de la Fiscalidad Indirecta en el nuevo contexto internacional,* Aranzadi, 2023, pp. 325-379.

ANTÓN ANTÓN, Á., "La fiscalidad energética en el contexto del pacto verde europeo", Documentos - Instituto de Estudios Fiscales, n. 8, 2022, pp. 154-191.

BISOGNO, M., "Twenty years after the adoption of the Energy taxation Directive: is its reform in a greener sense just an illusion?", *Intertax*, Vol. 51, 2023, pp. 697-702.

COMISIÓN EUROPEA, *"Objetivo 55": cumplimiento del objetivo climático de la UE para 2030 en el camino hacia la neutralidad climática*, COM(2021) 550 final, de 14 de julio de 2021.

COMISIÓN EUROPEA, *Annual Report on Taxation 2024, Directorate-General for Taxation and Customs Union*, European Commission, Publications Office of the European Union, Luxemburgo, 2024

COMISIÓN EUROPEA, *El Pacto Verde Europeo*, COM (2019) 640 final, de 11 de diciembre de 2019.

COMISIÓN EUROPEA, *Impact assessment report Accompanying the document Proposal for a Council Directive restructuring the Union framework for the taxation of energy products and electricity* (SWD(2021) 641 final, Comisión Europea, Bruselas,2021.

COMISIÓN EUROPEA, *Plan REPowerEU*, COM (2022) 230 final, de 18 de mayo de 2022.

COMISIÓN EUROPEA, *Propuesta de Directiva del consejo por la que se reestructura el régimen de la Unión de imposición de los productos energéticos y de la electricidad (refundición)*, Bruselas, 14.7.2021 COM (2021) 563 final

COMISIÓN EUROPEA, *Comunicación de la Comisión al Parlamento Europeo y al Consejo. Plan de acción para una fiscalidad equitativa y sencilla que apoye la Estratégica de recuperación*, COM (2020) 312 final, Comisión Europea, Bruselas

COMISIÓN EUROPEA, *Propuesta modificada de Decisión del Consejo sobre el sistema de recursos propios de la Unión Europea,* COM (2020) 445 final, Comisión Europea, Bruselas.

COMITÉ DE PERSONAS EXPERTAS, *Libro Blanco sobre la Reforma Tributaria*, Instituto de Estudios Fiscales, Madrid, 2022.

FLEMING, D., "Tradable quotas: using information technology to cap national carbon emissions", European Environment, Vol. 7, 1997, pp. 139-148.

HANLEY, N., "Cost–benefit analysis and environmental policy making", Environment and Planning C: Politics and Space, n. 19, 2001, pp. 103-118

LABANDEIRA VILLOT, X.; RODRÍGUEZ MÉNDEZ, M.; y LÓPEZ OTERO, X., "Regulación ambiental del sector energético y sus alternativas correctoras", *Economía Industrial*, n. 365, 2007.

LARREA BASTERRA, M., FERNÁNDEZ GÓMEZ, J., & ÁLVARO HERMANA, R.: "La fiscalidad sobre el carbono. Una aproximación a los casos de Suecia, Irlanda y Francia". *ICADE. Revista De La Facultad De Derecho*, n. 108, 2020.

MILNE, J., "Carbon Taxes in the United States: The Context for the Future", en *The Reality of Carbon Taxes in the 21 st Century*, Vermont Journal of Environmental Law, n,10, 2018

MONTES, A. y MORENO, J., "Acelerar la transición ecológica: el Mecanismo de Ajuste en Frontera y la Unión Fiscal", en *Futuro de la Unión Europea: aportaciones a la Conferencia*, Dykinson, 2022, pp. 245-271.

MOTTERSHEAD, D. (et. al.), *Green taxation and other economic instruments. Internalizing environmental costs to make the polluter pay*, Comisión Europea, Bruselas, 2021.

OCDE, *Effective Carbon Rates 2021*, OCDE, París, 2021

OCDE, *Effective Carbon Rates. Pricing CO2 Through Taxes and Emissions Trading Systems*, OCDE, 2016, París.

OCDE, *Recommendation on the Use of Economic Instruments in Environmental Policy OECD/LEGAL/0258*, OCDE, París, 2022.

OCDE. *The Polluter-Pays Principle, Analyses and Recommendations*, OCDE, París, 1992

OECD. *Recommendation of the Council on the Implementation of the Polluter-Pays Principle, OECD/LEGAL/0132*, OCDE, París, 2022

PARRY, I. (et. al.) "Carbon Taxes or Emissions Trading Systems? Instrument Choice and Design", IMF Staff Climate Note 2022/006, International Monetary Fund, Washington, 2022.

PIRLOT, A., "*Carbon Border Adjustment Measures: A Straightforward Multi-Purpose Climate Change Instrument?*", *Journal of Environmental Law*, Vol. 34 (1), 2021, pp. 25-52.

SALASSA BOIX, R., "La compatibilidad de los ajustes fiscales en frontera ambientales con el GATT a partir del impuesto español sobre los plásticos no reutilizables", Crónica tributaria, m. 181, 2021, pp. 109-143.

SANCHEZ TRANCON, D. (et. al.), *Background note: The implementation of the Polluter Pays Principle*, OCDE, París, 2022.

SCHROTEN, A. (et. al.). *Sustainable Transport Infrastructure Charging and Internalisation of Transport Externalities*, European Commission Directorate-General for Mobility and Transport, Bruselas, 2019.

SEN, S. y VOLLEBERGH, H., "The effectiveness of taxing the carbon content of energy consumption", Journal of Environmental Economics and Management, n. 9, 2018, pp. 74-99

SORRELL, S., "An upstream alternative to personal carbon trading", Climate Policy, Vol. 10, 2011, pp. 481-486

SPECK, S., "Carbon taxation: two decades of experience and future prospects", Carbon Management, N 4 (2), pp. 171-183.

STERN, N., *The Economics of Climate Change: The Stern Review*, Cambridge University Press, 2007.

STIGLITZ, J. E. y STERN, N.(et al.), *Report of the High-Level Commission on Carbon Prices*, High-Level Commission on Carbon Prices, International Bank for Reconstruction and Development and International Development Association/The World Bank, 2017, https://doi.org/10.7916/d8-w2nc-4103

TRIBUNAL DE CUENTAS EUROPEO, *Principio de «quien contamina paga»: Aplicación incoherente entre las políticas y acciones medioambientales de la UE. Informe Especial 12/2021*. Tribunal de Cuentas Europeo, Luxemburgo, 2021.

VANDEKERCKHOVE, K., "The Polluter Pays Principle in the European Community", Yearbook of European Law, Vol. 13.1, 1993, pp. 201-262

VAQUERA GARCÍA, A., "Un problema actual al que debe enfrentarse la transición ecológica en el ámbito tributario: la posible concreción de la capacidad contaminante como índice de riqueza sometido a gravamen", Documentos - Instituto de Estudios Fiscales, n. 6, 2020, pp. 181-192

VILLAR EZCURRA, M. (Edit.), *Environmental Tax Studies for the Ecological Transition. Comparative Analysis Addressing Urban Concentration and Increasing Transport Challenges*, Civitas, 2019.

VILLAR EZCURRA, M., "Cambio climático y fiscalidad", en ALENZA GARCÍA, J. F. y MELLADO RUIZ, L. (Cords.), *Estudios sobre cambio climático y transición energética: Estudios conmemorativos del XXV aniversario del acceso a la cátedra del profesor Íñigo del Guayo Castiella*, Marcial Pons, 2022, pp. 763-780.

WINTER, J., "Mercados de emisiones y comercio internacional", *bie3: Boletín IEEE*, núm. 28, 2022, pp. 235-276.

WORLD BANK, *State and trends of carbon pricing 2020*, World Bank, Washington, 2020.

WORLD BANK, *State and Trends of Carbon Pricing 2022.*, World Bank, Washington, DC, 2022

WORLD BANK., *State and Trends of Carbon Pricing 2024.*, World Bank, Washington, 2024, http://hdl.handle.net/10986/41544

ZIMMER, W. (et. al.*) "*Rolle der CO2-Bepreisung im Instrumentenmix für die Transformation im Verkehrssektor", Climate Change 27, Umweltbundesamt, 2022.

Normativa Relevante

Reglamento (UE) 2018/842 del Parlamento Europeo y del Consejo, de 30 de mayo de 2018, sobre reducciones anuales vinculantes de las emisiones de gases de efecto invernadero por parte de los Estados miembros entre 2021 y 2030 que contribuyan a la acción por el clima, con objeto de cumplir los compromisos contraídos en el marco del Acuerdo de París, y por el que se modifica el Reglamento (UE) n. 525/2013 (DO L 156 de 19.6.2018, p. 26).

Reglamento (UE) 2018/842 del Parlamento Europeo y del Consejo, de 30 de mayo de 2018, sobre reducciones anuales vinculantes de las emisiones de gases de efecto invernadero por parte de los Estados miembros entre 2021 y 2030 que contribuyan a la acción por el clima, con objeto de cumplir los compromisos contraídos en el marco del Acuerdo de París, y por el que se modifica el Reglamento (UE) n. 525/2013 (DO L 156 de 19.6.2018, p. 26).

Reglamento (UE) 2021/1119 del Parlamento Europeo y del Consejo de 30 de junio de 2021 (por el que se establece el marco para lograr la neutralidad climática y se modifican los Reglamentos (CE) n.º 401/2009 y (UE) 2018/1999 ("Legislación europea sobre el clima") (DO L 243 de 9.7.2021, pp. 1-17).

Reglamento (UE) 2023/851 del Parlamento Europeo y del Consejo de 19 de abril de 2023 por el que se modifica el Reglamento (UE) 2019/631 en lo que respecta al refuerzo de las normas de comportamiento en materia de emisiones de CO_2 de los turismos nuevos y de los vehículos comerciales ligeros nuevos, en consonancia con la mayor ambición climática de la Unión (DOUE L 110/5 de 25.4.2023).

Reglamento (UE) 2023/857 del Parlamento Europeo y del Consejo de 19 de abril de 2023 por el que se modifica el Reglamento (UE) 2018/842 sobre reducciones anuales vinculantes de las emisiones de gases de efecto invernadero por parte de los Estados miembros entre 2021 y 2030 que contribuyan a la acción por el clima, con objeto de cumplir los compromisos contraídos en el marco del Acuerdo de París, y el Reglamento (UE) 2018/1999 (*DOUE L 111 de 26.4.2023, p. 1-14).*

Reglamento (UE) 2023/955 del Parlamento Europeo y del Consejo de 10 de mayo de 2023 por el que se establece un Fondo Social para el Clima y se modifica el Reglamento (UE) 2021/1060 (DO L 130 de 16.5.2023)

Reglamento (UE) 2023/956 por el que se establece un Mecanismo de Ajuste en Frontera por Carbono (DO L 130 de 16.5.2023, p. 52-104).

Decisión (UE) 2016/1841 del Consejo, de 5 de octubre de 2016, relativa a la celebración, en nombre de la Unión Europea, del Acuerdo de París aprobado en virtud de la Convención Marco de las Naciones Unidas sobre el Cambio Climático (DO L 2282 de 19.10.2016)

Directiva (UE) 2023/1791 del Parlamento Europeo y del Consejo de 13 de septiembre de 2023 relativa a la eficiencia energética y por la que se modifica el Reglamento (UE) 2023/955 (DOUE L 321/1 de 20.9.2023).

Directiva (UE) 2023/2413 del Parlamento Europeo y del Consejo, de 18 de octubre de 2023, por la que se modifican la Directiva (UE) 2018/2001, el Reglamento (UE) 2018/1999 y la Directiva 98/70/CE en lo que respecta a la promoción de la energía procedente de fuentes renovables y se deroga la Directiva (UE) 2015/652 del Consejo (DOUE L 31.10.2023).

Directiva (UE) 2023/958 del Parlamento Europeo y del Consejo de 10 de mayo de 2023 por la que se modifica la Directiva 2003/87/CE en lo que respecta a la contribución de la aviación al objetivo de la Unión de reducir las emisiones en el conjunto de la economía y a la adecuada aplicación de una medida de mercado mundial (DOUE L 130/115 de 16.5.2023).

Directiva (UE) 2023/959 del Parlamento Europeo y del Consejo de 10 de mayo de 2023 que modifica la Directiva 2003/87/CE por la que se establece un régimen para el comercio de derechos de emisión de gases de efecto invernadero en la Unión (DO L 130 de 16.5.2023, p. 134).

Directiva 2003/87/CE del Parlamento Europeo y del Consejo, de 13 de octubre de 2003, por la que se establece un régimen para el comercio de derechos de emisión de gases de efecto invernadero en la Unión y por la que se modifica la Directiva 96/61/CE del Consejo (DO L 275 de 25.10.2003, p. 32).

Directiva 2003/96/CE del Consejo de 27 de octubre de 2003 por la que se reestructura el régimen comunitario de imposición de los productos energéticos y de la electricidad (DOUE L 283/51 de 31.10.2003).

Números Publicados

Serie Unión Europea y Relaciones Internacionales

Nº 1/2000
«La política monetaria única de la Unión Europea»
Rafael Pampillón Olmedo

Nº 2/2000
«Nacionalismo e integración»
Leonardo Caruana de las Cagigas y Eduardo González Calleja

Nº 1/2001
«Standard and Harmonize: Tax Arbitrage»
Nohemi Boal Velasco y Mariano González Sánchez

Nº 2/2001
«Alemania y la ampliación al este: convergencias y divergencias»
José María Beneyto Pérez

Nº 3/2001
«Towards a common European diplomacy? Analysis of the European Parliament resolution
on establishing a common diplomacy (A5-0210/2000)»
Belén Becerril Atienza y Gerardo Galeote Quecedo

Nº 4/2001
«La Política de Inmigración en la Unión Europea»
Patricia Argerey Vilar

Nº 1/2002
«ALCA: Adiós al modelo de integración europea?»
Mario Jaramillo Contreras

Nº 2/2002
«La crisis de Oriente Medio: Palestina»
Leonardo Caruana de las Cagigas

Nº 3/2002
«El establecimiento de una delimitación más precisa de las competencias entre la Unión Europea
y los Estados miembros»
José María Beneyto y Claus Giering

Nº 4/2002
«La sociedad anónima europea»
Manuel García Riestra

Nº 5/2002
«Jerarquía y tipología normativa, procesos legislativos y separación de poderes en la Unión
Europea: hacia un modelo más claro y transparente»
Alberto Gil Ibáñez

Nº 6/2002
«Análisis de situación y opciones respecto a la posición de las Regiones en el ámbito de la UE.
Especial atención al Comité de las Regiones»
Alberto Gil Ibáñez

Nº 7/2002
«Die Festlegung einer genaueren Abgrenzung der Kompetenzen zwischen der Europäischen Union
und den Mitgliedstaaten»
José María Beneyto y Claus Giering

Nº 1/2003
«Un español en Europa. Una aproximación a Juan Luis Vives»
José Peña González

Nº 2/2003
«El mercado del arte y los obstáculos fiscales ¿Una asignatura pendiente en la Unión Europea?»
Pablo Siegrist Ridruejo

Nº 1/2004
«Evolución en el ámbito del pensamiento de las relaciones España-Europa»
José Peña González

Serie Política de la Competencia y Regulación

Nº 1/2001 «El control de concentraciones en España: un nuevo marco legislativo para las empresas»
José María Beneyto

Nº 2/2001 «Análisis de los efectos económicos y sobre la competencia de la concentración Endesa-Iberdrola»
Luis Atienza, Javier de Quinto y Richard Watt

Nº 3/2001 «Empresas en Participación concentrativas y artículo 81 del Tratado CE: Dos años de aplicación
del artículo 2(4) del Reglamento CE de control de las operaciones de concentración»
Jerónimo Maíllo González-Orús

Nº 1/2002 «Cinco años de aplicación de la Comunicación de 1996 relativa a la no imposición de multas
o a la reducción de su importe en los asuntos relacionados con los acuerdos entre empresas»
Miguel Ángel Peña Castellot

Nº 1/2002 «Leniency: la política de exoneración del pago de multas en derecho de la competencia»
Santiago Illundaín Fontoya

Nº 3/2002 «Dominancia vs. disminución sustancial de la competencia ¿cuál es el criterio más apropiado?:
aspectos jurídicos»
Mercedes García Pérez

Nº 4/2002 «Test de dominancia vs. test de reducción de la competencia: aspectos económicos»
Juan Briones Alonso

Nº 5/2002 «Telecomunicaciones en España: situación actual y perspectivas»
Bernardo Pérez de León Ponce

Nº 6/2002 «El nuevo marco regulatorio europeo de las telecomunicaciones»
Jerónimo González González y Beatriz Sanz Fernández-Vega

Nº 1/2003 «Some Simple Graphical Interpretations of the Herfindahl-Hirshman Index and their Implications»
Richard Watt y Javier De Quinto

Nº 2/2003 «La Acción de Oro o las privatizaciones en un Mercado Único»
Pablo Siegrist Ridruejo, Jesús Lavalle Merchán y Emilia Gargallo González

Nº 3/2003 «El control comunitario de concentraciones de empresas y la invocación de intereses nacionales.
Crítica del artículo 21.3 del Reglamento 4064/89»
Pablo Berenguer O´Shea y Vanessa Pérez Lamas

Nº 1/2004 «Los puntos de conexión en la Ley 1/2002 de 21 de febrero de coordinación de las competencias
del Estado y las Comunidades Autónomas en materia de defensa de la competencia»
Lucana Estévez Mendoza

Nº 2/2004 «Los impuestos autonómicos sobre los grandes establecimientos comerciales
como ayuda de Estado ilícita ex art. 87 TCE»
Francisco Marcos